团队管理视角下
高校班主任管理研究

张建科 ◎ 著

吉林出版集团股份有限公司

图书在版编目（CIP）数据

团队管理视角下高校班主任管理研究/张建科著
.—长春：吉林出版集团股份有限公司，2023.8
ISBN 978-7-5731-4152-1

Ⅰ.①团… Ⅱ.①张… Ⅲ.①高等学校—班主任工作
—研究 Ⅳ.①G645.1

中国国家版本馆CIP数据核字（2023）第161192号

团队管理视角下高校班主任管理研究
TUANDUI GUANLI SHIJIAOXIA GAOXIAO BANZHUREN GUANLI YANJIU

著　　者	张建科
责任编辑	齐　琳
封面设计	林　吉
开　　本	787mm×1092mm　　1/16
字　　数	250千
印　　张	15
版　　次	2023年8月第1版
印　　次	2023年8月第1次印刷
出版发行	吉林出版集团股份有限公司
电　　话	总编办：010-63109269
	发行部：010-63109269
印　　刷	廊坊市广阳区九洲印刷厂

ISBN 978-7-5731-4152-1　　　　　　　　　　定价：78.00元

前　言

随着我国高等教育大众化进程的推进，以及高等教育的大规模扩张，高等教育质量问题逐渐凸显。教育部、财政部将教师队伍建设作为一个重要方面，要求高校"重点遴选和建设一批教学质量高、结构合理的教学团队，建设高效的团队合作机制，推动教学内容和方法改革及研究，促进教学研讨和教学经验交流，开发教学资源，推进教学工作的老中青相结合，发扬传、帮、带作用，加强青年教师培养"。自此，我国掀起了高等学校本科教学质量工程建设的高潮，遴选出一大批国家级教学团队，涌现出大量研究高校教学团队建设的文献。

班级管理工作完全交给初出茅庐的班干部是不现实的，班级的管理在起步阶段仍需要班主任的正确领导，学生在校的学习生活在很大程度上会受到班主任的影响，班主任起到的是引路灯的作用。在国家对教育一如既往的大力支持下，我国教育现代化的进程不断加快，对于刚进入大学的学生，班主任如何有效地管理他们已成为当前教育的主要问题，然而，目前高校班级管理面临许多问题，班主任对如何管理班级存在疑惑。

本书立足于高校班级管理的发展需求，结合高校班主任管理的发展现状，借助团队管理的理论与方法，对高校班主任管理的相关理论进行了研究，旨在为高校班主任管理工作的开展提供指导，从而推动高校的健康有序发展。

由于作者水平有限，时间仓促，书中的不足之处在所难免，望广大读者给予批评指正。

张建科

2023 年 12 月

目 录

第一章　教学团队的基本理论

从管理学的角度分析，组织（Organization）是指具有明确的目标导向、精心设计的结构和有意识协调的活动系统，同时又与外部环境保持密切联系的一个社会实体，如企业、学校、党团组织等。本章所涉及的个体、团队和群体都是属于组织的一部分。

第一节　团队概述

一、团队的概念和内涵

自 20 世纪 80 年代被引入企业管理中至今，"团队"在各个行业都非常盛行，现代管理也越来越重视"团队"的建设和管理，认为团队克服了个人缺陷和能力不足，能够创造更高的绩效，实现更大的目标。比如，能充分利用资源、增强组织效能、提高组织决策、提升组织内在的工作动力、增强凝聚力、充分体现人本管理、多方面促进组织效益提高等。

"团队"（Team）的概念最初诞生在企业管理中，通常指工作团队（WorkTeam）。"团队"一词在《现代汉语词典》中是指"具有某种性质的集体；团体"。著名管理学家斯蒂芬·罗宾斯认为："团队是一种为了实现某一目标而由相互协作的个体所组成的正式群体，其基本特征是实现集体绩效的目标、积极的协同配合、个体或者共同的责任、相互补充的技能，其核心是团队精神。"彼得·德鲁克定义："团队是一些才能互补并为负有共同责任的统一目标和标准而奉献的少数人员的集合，其核心是共同奉献。"① 乔恩·R.卡曾巴赫则提出："团队是由少数互补技能，愿意为了共同的目的、业绩目标和方法而相互承担责任的人们组成的群体。"②

由此可见，"团队"产生于群体，又高于群体。其强调个人的业绩，更强调团队的整体业绩。团队在集体讨论研究和决策以及信息共享和标准强化的基础上，强调通过团队成员的奋斗得到最终成果，这些成果超过个人业绩的总和。

综合以上学术界较有说服力的团队的概念，我们可以发现，"团队"一般有以下几个关键性特征：

（1）团队有共同的目标。这个共同目标把大家集合在一起，是大家统一认可并为之努力的。有了明确清晰的目标，才能明确团队成员的角色和任务，进而制订工作计划并实施完成工作计划。

（2）为了实现共同目标，团队成员要相互协作。之所以组成团队，就是因为团队成员无法单枪匹马地实现他们的目标，虽然每个团队成员具有不同的分工和岗位职责，但他们必须依赖彼此协作来实现共同的目标，如技能互补、信息共享、资源共用等。

（3）团队成员有共同责任和决策权。团队成员要为团队的成果共同承担责任，同时也具有管理自己岗位工作和内部各种流程的权限和决策权。

（4）团队是有边界的，而且在一定时间内是相对稳定的。由于团队通

---

① 彼得·德鲁克.21世纪的管理挑战[M].朱雁斌，译.北京：机械工业出版社，2020.

② 乔恩·R.卡曾巴赫，道格拉斯·K.史密斯.团队的智慧：创建绩优组织[M].侯玲，译.北京：经济科学出版社，1999.

常是少数人的集合，所以在整个组织或同类群体中，团队成员的身份是可以辨别的。有边界是指个体是否属于该团队，团队成员和非团队成员有明显的区分和辨识度，并且个体一旦加入某一团队之后是相对稳定的，合作时间都比较长，足以完成他们的共同目标。

（5）团队不是一个孤岛，他们在一定的组织或社会体制内运作，通常需要从外部获取资源和支持，并接受外部的监督和管理。

二、群体的概念

"物以类聚，人以群分"。群体与个体相对，是个体的集合。不同个体按某种特征结合在一起，进行共同活动、相互交往，就形成了群体。个体往往通过群体活动达到参加社会生活并成为社会成员的目的，并在群体中获得安全感、责任感、亲情、友情、关心和支持等，如班组、科室、教研室等。

肖认为，群体由两个或更多相互作用和相互影响的个体所组成。他指出，所有的群体都有一个共同的特征，即群体成员间有着彼此的互动，而且群体的存在是有原因的。例如，为了满足某种需要，提供信息或者实现统一的目标等。[①]

贝克认为，群体概念的理解，关键是它的所有成员彼此之间必须有一种可观察到的和有意义的联系方式；个体间的互动使人们成为一个群体，并为一个共同目标而努力奋斗。[②]

越来越多的研究者认为，群体是所有上述含义或是具有更多含义的一种混合体。群体的主要特征在于群体成员之间的彼此互动、讯息分享，并

---

① 姜军，刘小钰. 接近性的新闻价值文献综述 [J]. 今传媒，2017（7）：171.

② 俞国良. 社会心理学 [M]. 北京：北京师范大学出版社，2006.

作出有利于各自职责的决策，但成员技能差异化和依赖程度低，且不存在成员之间积极的协同机制。

三、团队与群体的区别

由团队和群体的概念可以看出，团队产生于群体而高于群体。团队是一个有机整体，团队成员除应具有独立完成工作的能力之外，还具有与他人合作共同完成工作的能力及奉献精神。团队的绩效源于团队成员个人的贡献，同时大于团队成员个人贡献的总和，也就是人们常说的"1+1>2"。而群体中成员没有协同工作的要求，群体的绩效就是群体成员个人绩效的总和。当然，优秀的工作群体由于已经产生一定的团队精神，比如互相帮助完成任务、相互信任等，其经过建设可以提升为团队。

团队与群体的区别如下：

（1）领导方面。群体应该有明确的领导人；团队可能不一样，尤其团队发展到成熟阶段，成员共享决策权，分担领导权。

（2）目标方面。群体的目标必须与组织保持一致；但团队中除了这点之外，还可以有自己团队的共同目标。

（3）协作配合方面（或合作方面）。群体的合作性可能是中性的，甚至有时是消极的，目的是利于各自的工作发展；但团队的合作是积极的、齐心协力的，是为了团队的共同愿景而相互信任、不计个人得失的。

（4）责任方面。群体的责任是个体化的，一般情况下领导属于行政岗位（如经理、班组长、教研室主任等），要负很大责任；而团队中的领导更多是负责人（或带头人）形式，不一定有行政职权，甚至承担跟普通成员一样的任务，他们的责任是共同的。

（5）技能方面。群体成员的技能是随机或不同的，甚至是可以替换的、高同质化的；而团队成员的技能是相互补充、角色互补、相辅相成的。

（6）成果方面。群体的成果是个人绩效；团队的成果是团队成员共同合作完成的产出，团队成员从中获得某种形式的集体回报，进而实现个人发展。

四、团队的构成要素

管理学中把团队构成的几个重要因素总结为 5P。

（一）目标（Purpose）

每个团队都应该有一个既定的目标，为团队成员导航，指引团队成员向何处去、去多远。没有目标的团队是没有存在价值的团队。

团队的目标必须与组织的目标一致，此外还可以把大目标分成小目标具体分到各个团队成员身上，大家合力实现这个共同的目标。同时，目标还应该有效地向大众传播，让团队内外的成员都知道这些目标，有时甚至可以把目标贴在团队成员的办公桌上、会议室里，以此激励所有的人为实现这个目标去工作。

（二）人（People）

人是构成团队最基本、最核心的要素，一般 2 人以上就可以构成团队。目标是通过人员具体实现的，所以人员的选择是团队中非常重要的部分。在一个团队中可能需要有人出主意、有人制订计划、有人实施、有人协调，还有人去监督团队工作的进展、评价团队最终的贡献。不同的人通过分工和承担岗位职责来共同完成团队的目标，在人员选择方面要考虑人员的能力如何、技能是否互补、人员的经验如何、是否符合团队的要求等。

（三）定位（Place）

团队的定位是指团队通过何种方式同现有的组织结构相结合，从而创造出新的组织形式，其中让来自不同领域的成员真正成为更具合作性的团队伙伴最为重要。

团队的定位包含两层意思：一个是团队整体的定位，在组织中处于什么位置，由谁选择和决定团队成员，团队最终应对谁负责，团队采取什么方式激励下属等。另一个是团队成员个体的定位，作为成员在团队中扮演什么角色，是出主意、订计划，还是具体实施或协调等。

（四）权限（Power）

权限是指团队担负的责任和相应享有的职权，即团队的工作范围和在某范围内决策的资助程度，是团队目标和定位的延伸。其中，团队领导（或带头人）的权力大小与团队的发展阶段相关。通常情况下，团队越成熟，领导者所拥有的权力越小。在团队发展的初期阶段，由于各项团队事务的培育和建设，领导权是相对比较集中的。

团队权限取决于两个方面：一是整个团队在组织中拥有什么样的决定权，比如，财务决定权、人事决定权、信息决定权等。二是组织的基本特征，比如，组织的规模大小、团队数量、组织对于团队的授权程度、团队的业务类型等。

（五）计划（Plan）

计划是用来指导团队成员在什么时间内做什么以及怎么做，一般包含两个层面的含义：

（1）团体目标最终的实现，需要一系列具体的行动方案，可以把计划理解成目标的具体工作程序。（2）按计划进行可以保证团队的进度。只有在计划内进行操作团队才会一步一步贴近目标，从而最终实现目标。

第二节　团队的类型

管理学家斯蒂芬·罗宾斯根据团队成员的来源、拥有自主权的大小及团队存在的目的不同，将团队分为问题解决型、自我管理型和多功能型三种。随着科学技术的发展，基于网络信息通信技术的虚拟型团队也逐渐成为第四种团队类型。

一、问题解决型团队

在团队出现的早期，大多数团队都属于问题解决型团队，通常由同一个部门若干名员工临时聚集在一起而组成。团队成员定期碰头，就如何改进工作程序、方法等问题进行讨论，交换看法，并对如何提高生产效率和产品质量等问题提出建议。问题解决型团队的目标是提高生产质量、提高生产效率、改善企业工作环境等。但是，问题解决型团队的成员几乎没有什么实权来根据建议采取行动，也没有对自己形成的意见或建议单方面采取行动的决策权，对于调动团队成员参与决策过程的积极性不够，难以形成此方面的团队精神。

二、自我管理型团队

问题解决型团队在员工参与决策方面缺乏实权，功能不足。为了弥补这种不足，于是诞生了独立自主地解决问题，并对工作结果承担全部责任

7

的团队，即自我管理型团队。自我管理型团队保留了工作团队的基本性质，在运行模式方面增加了自我管理、自我学习、自我领导、自我负责和良好沟通等特征。

但是，需要注意的是，由于缺乏监督，自我管理型团队并不一定会带来积极的效果。比如，会出现缺勤率和流动率偏高等问题。这说明，采用自我管理型团队这一形式必须有一定的范围，需要有严格的管理制度，规范团队的行为。

三、多功能型团队

多功能型团队也叫跨职能团队，是团队形式的进一步发展，也是运用最广的团队形式。这种团队通常由来自同一等级、不同工作领域、跨越横向部门界限的员工组成，他们聚集在一起的目的就是完成某一项特定的任务。

多功能型团队是一种有效的团队形式，它能使组织内（甚至组织之间）不同领域员工之间交换信息、激发出新的观点、协调复杂的项目、解决面临的问题。但是，多功能型团队在其形成的早期阶段往往需要花费大量的时间，使团队成员学会处理复杂多样的工作任务，使背景不同、经历和观点不同的成员之间建立起相互信任的关系。多功能型团队在实现隐性知识共享的过程中发挥着核心的作用，它可以使每个团队成员在进行交流与沟通的同时，增长跨专业知识。

四、虚拟型团队

随着科学技术的进步和发展，先进的多媒体网络、信息通信技术被普遍应用，同时也产生了一种新型的团队工作模式——虚拟型团队。虚拟型团队是人员分散于不同的地点但通过远距离通信技术一起工作的团队。其实质仍然由进行实际工作的真实的团队人员组成，这些人员可以跨越不同的组织，工作时间可以交错，为了某个共同的目标，在虚拟的工作环境下，利用电话、网络等工具进行工作事宜的讨论、沟通、协调、交流、分享，相互协作，共同完成任务。

虚拟型团队通常具有以下四方面的特征：

（1）团队成员具有共同的目标，这一点与其他团队类型一致。

（2）团队成员工作地点具有分散性。

（3）采用电子沟通方式，如电话、邮件、聊天软件、传真、视频会议等方式。

（4）有宽泛型的组织边界，团队成员可以跨越不同的组织。

虚拟型团队由于不受时间、地点和边界的限制，与其他形式团队相比，拥有人才多、信息快、效率高、成本低等竞争优势。

第三节　团队的发展历程

著名管理学家布鲁斯·塔克曼提出了团队建设中五个规范的阶段理论，分别是成立期、震荡期、规范期、执行期和调整期。一般认为，这五个阶段是所有团队建设和管理过程中所必需的且不可逾越的。

一、成立期

在团队的成立阶段，要有团队创始人规划完成一系列的准备工作。这个创始人往往是后期的团队领导（或带头人），一般由上级组织领导选任。

成立期的主要工作有以下几个方面：

（1）团队领导（或带头人）在上级领导的支持和帮助下首先要考虑团队的定位问题，包括要创建一个什么样的团队，目的是什么，主要任务是什么，作用是什么？在团队组建之前确立新团队的类型、功能、工作目标和工作范围等。

（2）团队领导（或带头人）要确定团队的结构。比如，团队人数，应该包含哪些必需的技术人才、管理人才、服务人员等，各自的角色和职责。在组织领导的协调下选拔团队成员，并得到行政许可。

（3）启动团队。首先，团队领导（或带头人）必须使所有团队成员都明确团队的目标。其次进行分工，确定岗位职责，讨论并制订工作计划，制定规范与标准，进行培训等。

（4）培育团队精神。激动兴奋、斗志昂扬、困惑迷茫、徘徊观望等是团队成立期成员的主要特点，此时最重要的是给予他们工作目标，通过召开会议，集体参与讨论确定个人目标和工作计划，通过平等、公开、友好的交流沟通，营造真诚、相互信任、和谐的团队氛围，消除团队成员的困惑与忧虑，增强其归属感，发挥每一个团队成员的积极性，以高昂的士气开展工作。

二、震荡期

团队成立后，团队成员获得了发展的信心。但随着时间的推移，原先的新鲜感和好奇心逐渐消失殆尽，团队成员之间观点、见解、个人性格特征和行为风格的差异，以及对于团队目标、期望、角色、责任的诸多不满和不解都表露出来，各种冲突也随之产生，此时团队进入震荡期，团队成员间、团队和环境间、新旧观念间冲突不断。如何顺利度过震荡期，科学合理地处理各种冲突，是需要学习且有一定技巧的。此时团队领导（或是带头人）是重要的调解人，必须具备解决冲突和处理问题的能力，创造出一个和谐稳定的工作环境。

震荡期最重要的是如何安抚人心，使冲突双方冷静下来面对面澄清和解决问题。团队领导（或带头人）在公平公正的原则下，协调冲突双方共同分析问题、解决问题。在此期间，沟通方式和沟通技巧的不同往往会使冲突走向两个极端，要么冲突消失，要么不可调和。所以，团队领导（或带头人）面对冲突不应回避，不应对冲突置之不理或以权力压制，而应当鼓励团队成员对有争议的问题发表自己的看法，对事不对人，进行积极有效的沟通，促使工作顺利开展。同时，这个阶段要准备建立工作规范，使用工作规范、工作标准约束团队成员，进行规范化管理，使得在处理冲突时也有所依据。当然，在规范管理过程中，团队领导（或带头人）也要以身作则。

三、规范期

经过震荡阶段后，团队开始逐步走向稳定和成熟，进入规范期。各种规则、流程、价值观、行为、方法等均已建立，人们的工作技能开始慢慢地提升，新的技术慢慢被掌握，向着团队目标稳步推进。此时团队成员间沟通顺畅，彼此信任，凝聚力逐渐加强，可以将更多的精力集中于工作本身，朝着统一的目标与任务进发，有意识地解决问题，实现团队内部和谐。他们开始关心彼此的合作和工作开展，并逐渐适应环境、技术和各种规范的要求。

这一阶段团队的最大问题通常是团队成员间怕发生冲突，怕得罪他人而不敢提出问题，不正面提出意见和建议，但同时这一阶段也恰恰是培育团队文化的最有利时期。团队领导（或带头人）在这一时期的主要工作就是通过各种激励措施，如物质激励、精神激励、目标激励、民主激励，甚至是反向激励，提高团队成员的责任心、敬业精神、互助协作精神，增强对团队的归属感和凝聚力，促进团队共同价值观的形成，以最终汇聚成积极向上的团队文化。

四、执行期

执行期，又称高产阶段。这一阶段团队成员自信心强、坦诚、沟通良好，且具备多种技巧，具有一定的决策权，能同心协力解决各种问题，用规范化的管理制度与标准工作流程进行沟通、化解冲突、分配资源，团队成员自由而建设性地分享观点与信息，有完成任务的使命感和荣誉感。"高产"通常是组织的目的，也是建立团队的原因。

在此阶段，团队领导（或带头人）的任务应该是思考和推动更新，更新工作流程与方法；制定具有挑战性的目标，鼓励和推动团队成员的成长；监控团队各项工作的进展，通过督促、激励等手段，要求团队成员履行承诺，而非通过行政手段进行管制；肯定团队的整体成就，并承认个人的贡献，按劳分配，奖励结果也奖励过程，允许失败，更鼓励屡败屡战，保证团队目标的达成。

五、调整期

随着工作任务的完成，当达到团队自身目标后，很多团队会进入调整阶段。在此阶段，大部分任务型团队会解散。有的团队会继续工作，但往往会休整一段时间，或会发展新成员。在这一阶段，成员反应差异很大，有的沉浸于团队的成就中，有的则很伤感，惋惜融洽的合作关系不能再继续。

对于只是完成阶段工作或遇到瓶颈期的长期团队（例如，教学团队就是长期团队，短时间内不会结束的团队）来说，此阶段往往是总结工作、分析得失、完善和改进工作方式方法，规范团队行为，转变工作思路，制订下一步工作计划的重要阶段。

第四节　高校教学团队的概念与特征

一、高校教学团队的概念界定

前面提到团队的基本特征是"实现集体绩效的目标、积极的协同配合、个体或者共同的责任、相互补充的技能，其核心是团队精神"[①]，这些基本特征与高校教学组织形式的要求和教师群体的组织方式是一致的。据此，教学团队可定义为"由少数技能互补、愿意为实现共同的教学目标而分工明确、相互承担责任的教师组成的团队"[②]。教学团队的价值在于"教学"，它是基于教学目标的一种特定组织，其特殊性在于它是一种既育人又育己的专业学习性组织。

结合对教学团队的认识，我们可以将高校教学团队的定义进一步描述为："根据合理的学员结构、职称类别、年龄梯度、专长特点等，以教书

---

① 史蒂芬·P. 罗宾斯. 组织行为学精要 [M]. 郑晓明，译. 北京：机械工业出版社，2000.

② 刘建凤，武宝林. 高校教学团队建设与管理探析 [J]. 中国大学教学，2013（4）：80-82.

育人为纽带，把提高教育教学质量、推进教学改革作为主要任务，为完成某个教学目标而明确分工协作，相互承担教学责任的少数知识、技能互补的高校教师所组成的团队。"[①] 从这一定义可以看出，教学团队作为高等院校教学组织的一种形式，团队成员应该是多样化、异质性的，能够自我管理、相互信任并且具有一定的凝聚力，愿意为共同的目标承担责任，其运作的理念在于培养共同的信念和协作精神。

一、高校教学团队的特征

（一）共同的愿景（目标）

共同愿景，即共同目标，是每一个团队存在的原因，正是某个共同的目标才把多个成员集合在一起形成团队。

管理学中对组织的总目标通常称为使命。使命陈述了组织的愿景、共享的价值观和信念，以及组织存在的原因，它对组织具有强有力的影响。高等院校的使命是教书育人，培养社会高水平专业人才，提高民族素质。使命下的具体目标称为操作性目标。教学团队作为学校这一组织的一部分，应该在组织使命下确定自己明确的总体目标和操作性目标，并朝着这些目标不懈努力。

（二）团队成员结构的多样化、异质性

教学团队中的每一位教师成员都是不一样的，无论是在年龄、职称、学历、知识技能水平，还是教学方式方法、教学经验、性格特征、管理学生技巧等方面都有明显的差异性，也正是这种差异性，相互之间才能优势

---

① 郭捷，王若梅.教学团队建设若干问题的思考 [J].当代教育论坛·综合版，2010(2)：29-30.

互补。只要充分利用这种组成上的多样性，形成高度协作的统一体，一定能创造出个体无法产生的高效成果，提高整个团队的教学水平与科研水平。

（三）团队成员间的合作性

之所以倡导以团队教学的形式来弥补传统教学组织的不足，合作性是其主要优势之一。而为了实现共同的目标，团队成员必须合作。教学团队应该建立正确的合作机制，明确每个团队成员的工作职责范围，使团队教师更好地实现技能互补、信息共享、责任共担，使教学团队产生"1+1>2"的效果。

同时，由于教学团队的一部分教师成员是跨学科、跨专业聚集在一起的，他们之间的相互沟通、相互协作具有明显的横向性特点，这种横向性特点使教学团队具备了较强的伸缩能力，有助于团队教师扩展学习、合作的视野，关注专业间和学科间的横向联系。

（四）团队发展的持续性

很多企业中的团队是为了完成一个项目临时组建的，正如本章第三节所讲一般会经历五个发展阶段，当发展到调整期任务完成后自动解散。但教学团队不同，教学和教研教改任务的完成、教学质量的提升和人才培养目标的达成都不是一蹴而就的，需要较长时间的研究和实践，因而教学团队是一个持续性发展的团队。

在教学团队持续性发展过程中，团队成员的理论知识、专业技能、教科研能力等方面均得到提高，团队成员个人积累大量的成果，职称、学历等也会相应晋升，实现团队目标的同时逐步实现个人目标。同时，个人目标的实现又会激励团队教师继续向更高更大的目标进发，持续性保持高昂的工作积极性。

（五）团队成果的多样性、复杂性

一般企业的生产或销售团队，团队成果一目了然，要么是生产出新产品，要么是创造了高额销售量，但教学团队的成果往往不明显。是否提高了教学质量，是否培养的学生素质提高了，很难在短时间内直观地显现出来。同时，由于教学过程涉及学生的思想、理论知识、实践技能、社会适应能力、创新能力，以及教师教学能力、教科研能力、服务能力、师德师风等诸多内容，对教学团队取得的实际成果进行评价和考核具有复杂性，一般需要科学合理的绩效评价体系，并从长期效果来进行评价。

（六）动态性

依据建设目标，教学团队教师可以根据所上课程、自身优势，灵活组合形成多个分团队进行相应的工作，努力完成相应的目标任务。此时，教学团队结构上不是固定的，而是动态的、随时变化的。同时，不断吸收培养新教师、新成员的加入，也是教学团队动态性的一种体现。

（七）开放性

教学团队在建设过程中不断学习，与外部各界进行交流联系，一方面引进新理论、新技能，拓展新思路，得到更多资源和支持；另一方面将团队成果展示给外界，带动教学质量的整体提高，所以说教学团队的建设过程具有开放性，而不是像很多团队的建设过程和成果是有独创性、保密性。

（八）团队创新性和探索性

由于教学团队中成员都是各具专长的教师，都属于知识型员工，工作是富有创造性的教学和研究，因而是极具创新思维的团队。在提高教学质量这一共同目标的引导下，教学团队成员通过理论学习和实践研究，结合自身情况及科学技术在不断探索中产生对推进学术发展、教学实践改革的创新思考。同时，在团队的共同参与下，将这些创新内容进行讨论、提炼、完善与实施，形成一定的创新成果来促进教学发展和培养具有创新意识的学生。

（九）成果可推广性强

教学团队在建设过程中一般包括课程建设、教材建设、教学方法探索、科学研究、科技创新、社会服务等工作，在这些工作中所取得的成果经过推广后，将会被全国高校所学习、使用、借鉴，进而推动高等教育质量的整体提高和进步。

第二章　高校班主任管理概述

学生班主任队伍是大学生思想政治教育工作的骨干力量，班主任队伍的整体素质，在很大程度上决定着思想政治教育的效果和学生的整体素质。如何提高班主任的整体素质，加强高校班主任队伍建设，是进一步改进大学生思想政治教育工作面临的重要课题，是贯彻落实中共中央、国务院《关于进一步加强和改进大学生思想政治教育工作的意见》（2004年）（以下简称《意见》）所必须解决的"谁"来加强和改进所涉及的"人"的问题。加强和改进班主任的角色定位值得再认识、再探讨。

第一节　高校班主任面临的挑战

班主任是伴随大学生走完大学求学的几年时间内"任课"时间最长的老师，也是"上课"门数最多的老师。由于时间最长、"课程"最多，对班主任的要求也比较高。一个好班主任会影响一批学生的未来。在今天这个时代，要当一位合格的班主任，成为学生的良师益友很难。

一、高校班主任存在的必要性

大学生无论在生理还是心理上，都处于迅速成长变化的阶段，处于由不成熟到逐渐成熟的过渡时期。他们阅历较浅，社会经验不足，独立生活能力不强。而当今社会变革加快，竞争日益激烈，大学生的生活环境也处于不断的变化中。理想与现实的巨大差距，对大学生的心理适应能力提出了挑战。

（一）入学适应问题

周围环境对大学生有着极为重要的影响。对于绝大多数的新生来说，他们面临的是陌生的校园，生疏而又关系密切的新群体。大学的集体生活，既改变了原来高中的生活方式，又改变了原来所熟识的人际环境。他们会产生不安、苦闷和孤独感，在那些应变能力较差的学生身上表现得更为明显。入学适应问题直接关系到他们今后一段时间，甚至整个大学生活，需要有人来进行正确的指导。

（二）人际交往复杂化

比起中学生，大学生的人际交往更为复杂，更为广泛，独立性更强，更具社会性。他们一般都远离家乡，开始独立步入准社会群体的交际圈，开始尝试独立的人际交往，并试图发展这方面的能力。而且，交际能力越来越成为大学生心目中衡量个人能力的一项重要标准。然而，现实中并不是每个大学生都能处理好人际关系。在交际过程中，适应能力差的学生就会受到挫折，表现出自我否定，产生强烈的自卑感，因而逐步陷入苦闷与焦虑之中，并由此产生心理问题。

（三）大学教学体制和管理体制的特殊性

中学时，一个班有一个固定的教室，大家平时都在一起读书学习，集体气氛很浓，而且教师上课都是精心安排，连自习学什么都有具体的规定，每天的日程被安排得满满的，只要按部就班地学习就行了，学生很少有其他想法，因而内心非常充实。

大学里，由于教室有限，所以每个班没有固定教室，而且教师授课课时很少，只能给大家讲与课本有关的内容。平时大学生自由支配的时间较多，课程需要自己去认真学习，有问题再去找老师答疑，这样具体的生活安排主要由自己来确定，每天的目标和生活的大目标都由自己来把握，思维的空间和活动的空间相对较大。但对新体制适应能力差的学生反而不知道如何去做，做些什么，心里会产生茫然感。

大学生的基层管理工作一般由班主任来完成。大学往往是一两个班主任管理几百个学生，而且班主任的管理基本上是侧重于宏观的和政治性的管理，联系较多的往往是班干部和团学联的干部，对一般的学生关注较少，而且也不可能做到对每个学生都仔细关照。但是真正影响某个大学生的往往是一些具体的、细节性的问题，问题因人而异，而且心理问题往往比较隐秘，学生本身也不愿意宣讲。因此，从这些方面来讲，高校班主任工作显得尤为重要。

（四）经济问题

目前很多大学生来自农村，经济水平较差，由于学费并轨和社会的发展，学生的学费和生活费有增无减，经济的拮据使一部分学生产生忧郁、孤独、苦闷和自卑感。有的由于过于节俭影响了学习；有的为减少花费，回避集体活动；有的自暴自弃，放松对自己的要求，以致被迫退学。经济问题逐渐成为目前影响大学生正常发展的一个重要因素。

（五）就业压力

造成大学生就业困难的因素较多，主要是大学生定位不准确。很多大学生仍保持着"天之骄子"的荣耀感，就业观念陈旧，没有开拓进取的精神和正确的就业观。事实上，自高校扩招以来，全国高校的学生数量急剧增长，大学生的"天之骄子"形象已不复存在。同时，国家经济发展规模的限制、企业用人的偏见及政府、企业用人政策等多方面因素使大学毕业生的就业压力越来越大。

每年有几百万大学毕业生涌向人才市场，就业难的现实问题成为困扰着当代大学生的焦点问题。受就业压力的影响，一些学生消极应对，不认真学习，怨天尤人，严重影响学生身心的正常发展。

不管是班主任还是学校管理者，往往是重视学生的思想教育，却忽略了更严重的影响大学生身心发展的心理问题，忽视了对大学生的心理健康教育。目前高校也开设一些心理学或哲学课程，但不能真正触及每个学生生活中所遇到的具体问题。学校思想教育和社会实际的差异往往会引发学生的逆反心理和茫然心理。大学生是一个思维活跃的群体，自我意识非常强，心理出现问题后，表现也很明显。这些问题不但严重影响了学生自身的身心健康，而且会影响其他同学的正常生活和学业发展，甚至会危及他人的安全。在目前纷繁复杂的社会下，大学生需要有人细心指导和呵护，大学班主任的育人职能显得尤为重要。

二、高校班级管理面临的问题

学生进入大学后，与中学相比，管教较松，进入了一个自由成长的学习生活环境。大学提倡的是自主学习，再加上自由选课和跨班学习使学生的学习更加自由灵活，也使得班级管理在呈现出一些新的特点的同时，也存在诸多问题。

（一）学生之间缺乏交流，班级凝聚力不强

在大学的学习过程中，同班学生除了一起上必修课外，相处的机会相对较少。同时，随着高等教育由精英教育走向大众教育，大学班级规模迅速扩大，上大班课的学生人数增多，这在一定程度上增加了同班同学之间彼此了解与熟悉的难度。在大学里，学生往往只和舍友关系密切、接触较多，而对于同班同学，甚至有毕业了还不知道对方叫什么名字的情况。同时，在大学里虽然开展了丰富多彩的课外活动，但这些活动大多是社团组织学生参加，真正由班级组织开展的活动少之又少，这些都极大地削弱了班级的凝聚力。

（二）教师与学生接触较少，信息传递不及时

在大学的学习过程中，学生与任课教师的交集大多局限在课堂教学中，课下交流的机会很少，学生在课下学习中遇到困难，很难及时得到教师的帮助。和任课教师相比，与学生接触较多的当数班主任和专职班主任，他们对于班级管理负有绝对的责任，理应时刻关注学生的思想动态，帮助学生解决日常学习生活中遇到的困难，但是，班级人数的增加，加大了班主任工作的强度和难度，他们很难做到真正熟悉、关心每一个学生。学生与班主任的接触较多集中在某一固定活动中，大学班会常常流于形式，班主任和学生见面次数屈指可数。同时，班主任在工作中，各种信息公布和通知大多经由班干部传达，这难免会出现信息传递不及时和不到位的情况。

（三）班级管理制度缺乏，制度约束力不强

规范的班级管理制度，一方面可以调节团体和个人的行为，保证共同活动目标的实现；另一方面也维护个人在团体中的权益，从而使个体获得发展。大学的班级管理制度可以分为两种：成文的制度和非成文的制度。成文的制度包括学校的各项规章制度和班级自己制定的管理制度等。通常班主任按照学校领导的要求，直接或间接地通过班干部，借助一定的规章制度去约束学生，实现对学生的思想和行为的管理。非成文的制度主要是指班级的传统、舆论氛围、风气、习惯等，是班级中约定俗成的规范。目前，大多数高校班级制度建设较为落后，已有的制度也往往过于程式化，过于代表管理者的意志。如在班级成文制度的制定上，班主任只关心如何矫正学生表现出来的形形色色的错误行为与利己意识，并要求班干部对学生的违纪、犯错误进行监督，在这种制度下，管理将集体和个人对立起来，使学生的主动性、积极性以及情感、态度、兴趣等被群体所要求的整齐划一所扭曲，不利于学生的发展。班级制度剥夺了学生实际自我管理的机会，对学生身心发展造成负面影响。

三、高校班主任面临的挑战

1. 对知识权威性的挑战。由于获取知识、信息的渠道增加，独占和垄断知识的优势逐渐消失，有时候学生比老师学得更快，懂得更多，如计算机知识、现代科普知识等。

2. 知识更新的挑战。社会发展加速，知识量成倍增长，知识淘汰速度加快，往往教师与学生处于同一知识平台上。

3. 多样化、多元化的挑战，包括价值多元化、知识多样化。教师面对

的诱惑增多，许多观念、思想等都在发生变化。

4.热爱学生、倾听学生的能力。爱和学会爱是最有效的教育。要当学生的益友，必须爱学生和热爱学生工作，通过建立深情厚谊来做学生的知心朋友，这是班主任最基本的一项素质和能力。与学生格格不入或没有感情，要在学生中扎根和产生影响是不可能的。生源的复杂性、工作的繁杂性，要求班主任爱岗敬业，乐于与学生打交道，不辞劳苦、不计得失，舍得花精力和时间到学生中去，倾听学生的心声。只有知情才会有较强的亲和力，并成为学生的朋友。

5.深入学生，认知学生的能力。只有双方有共同语言，彼此才会成为朋友。班主任要能够熟悉和掌握大学生的思想和心理特征，懂得大学生教育和管理工作的一般规律、方法和基本知识，具有较强的组织、管理能力，具有较强的调查研究能力以及语言和文字表达能力；做好学生政治思想工作和日常管理工作，以高度的责任感，及时、全面、准确地了解掌握学生的思想动态，想学生之所想，才能相互沟通。知心，也是班主任成为学生朋友的前提条件之一。

6.帮助学生，解决前进道路上困难的能力。学生除了思想上、心理上会存在问题和困难外，这些年由于扩招和较大的社会变革，来自贫困家庭的学生、生活困难的学生增多。有些时候，人穷也会志短。学校既要给学生信心和勇气，也要解决其实际困难。没有解决其根本的物质问题，其思想问题不可能得到解决。这就要求班主任有强烈的同情心，要想方设法解决学生的实际困难。

四、班主任与学生良师益友关的建立

任何人不会忘记与自己一起哭泣的人，班主任与学生的朝夕相处，在知情知心基础上建立的感情，会让学生珍惜这段师生友谊并鼓舞学生自强不息。班主任还必须掌握多方面的现代知识，掌握青年学生获取信息的各种渠道，通过平等、开放的交流，逐渐引导青年学生树立正确的世界观、人生观、价值观。这就要求他们首先成为终身学习的示范者、教育改革的倡导者、心理调节的医生、现代教育的行家。

（一）制度建设

高校要有意识地按上述要求进行班主任队伍的调整和建设。高校班主任聘任实行"专职为主，专兼结合"，班主任队伍的整体素质、学识水平都较以前有了较大幅度提高。制定班主任考核实施办法，主要从学生日常工作、教育管理、稳定工作、就业率、违纪率、获得荣誉称号等方面，通过考核指标对班主任的工作进行量化要求。其中要求班主任应与每一个学生保持经常性的接触和交流，及时了解、解决或者向学校反映学生面临的较大困难或者困惑。学校在制定分配条例、发放工作酬金和奖金时，也充分考虑班主任，体现客观、公正、公平、合理及与专业教师同工同酬的原则。

（二）加强班主任培养

通过初任培训、资格培训、专业培训、更新知识培训等不断提升班主任的综合素养。

（三）鼓励班主任进行科研工作

在传统思维中，高校班主任都是凭人格魅力和经验开展工作，不需要多高的理论水平。这种思想不仅不再适应高校新的教育形式，而且在现实中还阻碍了班主任队伍整体素质，以及探索新方法、解决新问题的能力的提高。为鼓励他们开展科研活动，大学每年要从预算经费中划拨一部分作为学生思想政治教育科研经费。学校还要特别引导班主任注重调查研究，分析研究和解决学生思想教育工作中遇到的新情况、新问题，每年上交一篇以上与学生工作有关的调查报告或论文，每年创造或总结一条学生工作新经验。以此引导他们提高教育科研能力。

五、当前班主任队伍建设存在的问题

目前，高校纷纷开展班主任队伍建设的探索，班主任队伍建设取得了很大进步，但在具体落实程度上还不平衡，在实施过程中仍存在很多问题，主要体现在以下几方面。

（一）班主任的人员配备有待进一步优化

当前还有部分高校并未设置班主任，而一名教师或班主任兼任几个班班主任的情况也仍然存在。这些老师很难像专职学生工作者一样，投入足够多的时间和精力与学生交流。另外，很多学校所选聘班主任身份多样化，也不是专业教师，对专业知识的了解相对有限，对学生的专业知识引导不够细致。

（二）班主任的定位与职责有待进一步明确

在学生工作中，班主任和专职班主任的职责存在部分交叉，班主任与专职班主任的工作侧重点不够清晰。很多班主任认为自己仅仅是协助专职班主任工作，导致班主任工作职能弱化。另外，由于班主任大多数是由专业教师兼职，有些班主任认为其工作是学校安排的额外任务，对自己的班主任工作认识不足，轻视了作为班主任的重要意义和育人功能。班主任的工作制度有待进一步健全。目前国内高校的班主任队伍建设制度普遍不完善，存在工作职责不清、具体内容模糊、责任界限不明等问题，大大影响了班主任工作的具体落实和实际效果。另外，现行的考核条例往往偏重具体工作的量化和班主任的外显性行为，没有综合考虑和全面考察，构建的指标体系不能直接、客观、公正地反映班主任的工作效果，造成一些班主任在工作中只做表面文章。

（三）班主任工作能力有待进一步提高

当前，高校大学生的价值观多元、思想行为较独立、实践能力也很强，传统的工作形式显然已不能适应如今的大学生。而大多数高校聘任的班主任是专业教师或管理人员，缺乏教育学、心理学相关的知识背景和实践经历，学校也没有对他们进行学生事务管理及思想政治教育方面的系统培训，在遇到突发事件时他们的处理能力普遍较弱，这些都严重影响了班主任队伍的全面发展，影响了学生工作开展的实效性。

（四）班主任工作均衡性有待进一步调整

班主任工作情况在各年级中表现得参差不齐，出现了不均衡状况。大一新生对学校事务不熟悉，会主动找班主任请教，班主任与学生的交流相对较多。大二、大三学生对大学生活有了一定的规划和安排，班主任与学生交流减少。大四学生很多在外实习，很难有时间聚在一起，班主任与同学们的交流更多的是个体的交流。

（五）班主任工作积极性和持久性有待进一步增强

当前各高校班主任队伍建设体系普遍不够完善，全员育人的良好氛围还未形成。另外，大多数班主任是专业教师兼职班主任，所以工作积极性不高。一些班主任凭着一腔热情加入这个队伍，工作不久便产生懈怠心理，对学生工作不能得心应手。在班级日常管理过程中，工作形式仅限于召开班会，而在深入学生宿舍、深入学生课堂、与学生个别交流方面还达不到相应要求。

六、新时代高校班主任队伍建设现状

当前高校班主任队伍建设取得了长足的发展。随着时代的不断进步，形势的不断变化，高校班主任队伍的建设呈现出一些新特点，同时也面临着新挑战。

班主任队伍日渐扩大，但总量仍不够。虽然多年来班主任队伍建设蒸蒸日上，班主任的数量极速增加，然而从现状来看总量仍然不够，有些高校班主任的配置仍未达到教育部规定的 200 ：1 的比例。因此，不少班主任耽于日常事务性工作，缺乏创新工作的空间和动力。

班主任队伍日渐成熟，但仍需不断完善。班主任队伍的逐渐成熟表现为班主任队伍的年龄结构日趋合理，学历层次逐渐提高，知识结构不断完善，专业化和职业化建设初见成效。尽管如此，现阶段班主任队伍的年龄结构仍未达最优状态，部分班主任的学历层次还有待提高，知识面有待拓展，且尚未完全做到与时俱进，无法适应当前高校思想政治教育工作内容和形式不断更新的状况。因此，班主任队伍建设仍需不断完善。

班主任团队建设初见成效，但并未全面开花。目前，不少高校已意识到班主任团队建设的重要性，着力推进特色团队的建设，争创典型和品牌。但大环境显示，高校班主任团队建设的氛围还不浓烈，班主任团队建设的机制还不完善，已建成的优秀班主任团队的辐射作用和影响力还不够明显。

深化改革教育体制给高校班主任提出了新要求。现阶段深化教育改革势在必行。教育体制的深入改革必然要求高校思想政治教育的内容和形式都要随之更新。班主任是高校思想政治教育工作的一线战斗者，也是直接实施者。因此，教育改革必然要求班主任要有强烈的革新理念和创新意识。

学生主体的新变化给高校班主任提出了新要求。高校的思想政治教育工作面向的对象是大学生。大学生生长在物质空前繁盛、思想观念多元化的时代背景之下，他们的个性较之于"80后"更为鲜明，自我意识更为强烈，对于外来的新事物和新思想则好奇心较强，而对于传统文化的认同感较弱。同时，他们大多是独生子女，从小生活优渥，因此他们之中多数缺少集体生活的体验，集体感也相对薄弱，内心孤独感相对较强。工作对象的不断变化也给班主任提出了新要求。

"新媒体"时代的到来，给教育的实施者提出了新的挑战，但也有新的机遇。如何发挥"新媒体"之长，避其之短，成为高校班主任需要攻克的新课题。高校学生正值世界观、人生观、价值观的形成时期，对于铺天盖地、良莠不齐的"新媒体"网络信息缺乏足够的识别能力，因而可能被有害信息误导。在此情况下，切断有害网络信息源很重要，但梳理学生思想的源头更重要。此外，班主任如何有效利用"新媒体"这一新平台，创新高校思想政治教育的手段和载体极为重要。"新媒体"的涌现带来的机遇和挑战，需要班主任与时俱进，不断加强知识和技能的学习，提高思想政治教育工作的水平。

七、高校班主任个人专业化培养与团队职业化建设

中共中央、国务院下发的文件中明确提出，高校班主任队伍要走高学历、专业化、职业化、专家化的发展道路。要实现这一奋斗目标，首先，可行的途径就是设立高校政治班主任专业，专门进行班主任培养，通过专业系统的培养打造一支精锐的班主任队伍，培养一批高水平的能从事高校班主任工作的硕士、博士。其次，大力推进班主任的职业化建设工作，职业化表现为有专业化人员、专门职责、健全的职业组织体系、良好的职业环境等。然而，大多数班主任缺乏这一职业的方向感和归属感。

（一）高校班主任个人专业化建设的内容和方向

要实现班主任的专业化和职业化建设目标，笔者认为需从以下几个方面入手：专业化学科建设、专业化岗位培训、专业化发展方向、专业化素质能力。专业化学科建设包括加强马克思主义一级学科建设力度，同时开展三层知识结构建设和学习。专业化岗位培训可以促进班主任职业水平和素质提升，提高班主任队伍整体素质和能力，注重理论与实践相结合。专业化发展方向就是规划自己的职业发展前景，成为专门型人才、学者型人才、管理型人才，在此基础上形成一支知识结构合理、年龄结构合理、地域结构合理完善的专业化、职业化班主任团队。

（二）高校班主任团队职业化管理与保障

高校班主任的职业化管理要实现"在开放中招聘引进，在竞争中选拔聘任，在流动中稳定骨干，在动态平衡中优化结构"。要通过落实保障机制使班主任精心、安心从事思想政治工作，终生从事专职班主任工作，拓宽班主任成长、成才空间，真正使班主任在知识、技能、观念、思维、态度、

心理上形成过硬的行业标准，形成培养与应用相结合的班主任成长成才长效机制。

八、高校班主任专业化、职业化建设出路

（一）地方政府全面贯彻落实党中央关于班主任建设的政策

班主任待遇提高以及班主任晋升机制的建立健全和完善，班主任成长、成才空间的拓展等措施均可提高班主任自身工作的积极性、主动性和创造精神，有利于提高班主任工作的热情和为之奋斗的长期性、稳定性的工作热忱，有利于加快职业化的建设力度，加快职业化的建设步伐。地方政府全面贯彻落实国家政策可以确保高校岗位设置、岗位待遇、岗位政策落实到位，可以增强班主任自身的工作热情和职业认同感，会最大限度地克服班主任主观认识上的不足和与普通教师相比差距过大的心理。

（二）高校积极为班主任队伍建设创造条件、提供平台

高校要重视班主任队伍建设，从政策、岗位设置、职称评定、晋升机制等方面充分了解班主任发展的现状，及时有效地了解班主任工作、生活中遇到的问题，对班主任的使用、管理、考核、发展进行全面系统的统筹、发展、完善。关于班主任的流动问题，高校有义务和责任实施监管，并且建立较科学、有效的体制机制，确保班主任的权益。高校班主任是高校教师队伍和学生管理队伍的重要组成部分，具有教师和干部双重身份。笔者认为，优秀的班主任同样可以自由选择自己的归属，班主任自身流通渠道越宽泛就说明该职业的含金量越大，就会吸引越来越多的人加入这一行列，

提高班主任的行业门槛势在必行，其可以更加有效地促进班主任专业化、职业化发展。

（三）班主任要时刻注重自身综合能力的提升完善

唯物辩证法认为外因通过内因起作用，班主任自身的学习、工作情况是班主任队伍实现专业化、职业化、专家化的内因，是解决班主任自身问题的关键。班主任自身要把这份工作看作一生为之奋斗和追求的方向，看作是一座灯塔，指引人生之路；要甘于奉献，耐得住寂寞，守得住清贫，经得起考验；要认清形势和角色，班主任是学生日常思想政治工作的组织和实施者，是学生的人生导师和知心朋友，班主任的工作必须以大学生为发展主体，全面促进大学生成长成才。班主任自身要不断加强理论学习，不断在工作中发现新情况、解决新问题，掌握规律、应用规律，服务学生、服务学校、服务社会。班主任要在实践中不断成长，在理论中多出成果，努力使自身综合素质过硬。我国高校要努力建设一支高水平的班主任队伍，在此基础上健全班主任选聘流程，提高班主任引进门槛，增加班主任自身职业含金量。多学习、多研究、多思考、多总结，不断加大班主任"三化"水平的实现和推进力度，是时代赋予我们的责任和使命，也是必然要求，通过共同的努力，我们的目标一定能实现。

九、如何强化强班主任队伍建设

（一）优化人员配备，严格选聘程序

从学历结构上来看，应以研究生学历为主；年龄结构上，应坚持老中青相结合的原则；从学科结构来看，要具备合理的知识结构，具有较高的科研水平，这样才能更好地引导学生制订合理的学习计划和发展目标。要严格选聘程序，选拔的班主任应具有良好的综合素质、严谨的工作态度和崇高的职业道德，有强烈的了解专业前沿信息和不断提高业务素质的要求，这样才能引导、激发学生不断创新。

（二）深化角色定位，明确岗位职责

明确班主任队伍的角色定位、工作职责和基本要求是加强班主任队伍建设的重要前提。当前，班主任工作范畴的界定存在差异。目前高校班主任主要以思想政治教育和日常管理服务为主线，在班团活动、事务管理、党团建设、心理教育、就业指导等具体的工作中开展教育。而专职班主任只负责一个班级的学生工作，应凭借自身的内涵对学生进行思想、专业、科研等方面的指导与引领，并对个别学生的思想问题进行引导和疏通。两支队伍既有交集，又有不同，应围绕班级学生的特点，互取优势，相辅相成，促进大学生的全面发展与健康成长。

（三）健全管理机制，完善条件保障

加强对班主任工作的管理，要完善一系列规章制度，使班主任依照章程规范化地开展工作。要进一步加强考核管理，不断完善班主任工作考核制度，在制定评价指标体系时应综合考虑、全方位考察，构建的指标体系应科学合理，能直接、客观、公正地反映班主任工作效果。通过考核评价，树立典型，表彰优秀，激励创新，加强监督，充分调动班主任工作的积极性，提升班主任工作质量。要本着"以人为本"的原则，运用高效化的激励机制，加大物质保障力度和精神情感激励，最大限度地发挥激励机制的作用，为班主任工作的开展提供条件保障。

（四）加强教育培训，提高综合素质

要加强对班主任上岗前系统的业务培训，学习与班主任工作相关及能提高班主任工作能力的各方面知识。要加强班主任工作的交流，可以定期开展班主任工作经验交流会、班主任沙龙、班主任工作专题研讨会等，分享工作经验，讨论工作方法与遇到的难点，研究工作对策与思路，促使班主任之间取长补短，共同提高。尤其是一些值得学习推广的特色工作，在交流中会对班主任有所借鉴与启示，能有效提高班主任工作质量和水平，加强班主任队伍建设与管理，充分调动班主任的工作自觉性和积极性。

（五）开展分类指导，确保均衡发展

在四年的工作中，班主任根据大学四年的具体情况进行分类，有针对性地指导大学生学习和生活。大一期间，班主任指导学生尽快熟悉专业特点和发展趋势，进行适应性教育。大二期间，班主任指导学生全面分析自身特点，明确兴趣和目标。大三期间，班主任侧重于指导学生提升专业素质，开展各类创新活动。大四期间，班主任应充分利用各种渠道收集信息，指导毕业生学习各种技巧，以开朗而积极的心态去迎接就业、择业的挑战。

（六）营造良好氛围，推进全员育人

高校要在校园内积极营造全员育人的良好氛围，强化班主任的角色意识和对工作职责的认识，通过物质、情感、制度各方面的激励激发班主任内心深处的工作热情和工作动力。通过大力宣传和发动资源优势，充分发挥优秀班主任的榜样示范作用、专业老师的专业技术优势及名师名导的社会资源优势，形成合力，切实提高班主任工作的针对性、实效性和吸引力、感染力，营造全员育人、全过程育人、全方位育人的良好氛围。

十、打造精英班主任团队的途径

（一）建立完善的培训和培养机制，培养专业化团队

打造班主任交流平台，为班主任的学习发展提供帮助。注重对班主任的专业训练，制订专门的培训计划，以灵活的形式组织学习，通过非正式集体活动增进相互之间感情，促进交流与沟通。提供多途径、全方位的业务培训和专业技能的培训，完善专业体系化培训，如坚持全员培训与骨干研修相结合，脱产进修与校内培训相结合，非学历培训与学历提升相结合。明确专业化培训内容，编写培训大纲、培训教材，建立班主任工作案例库，丰富教学内容。建立班主任工作的定期研讨机制、民主协商机制，加强成员之间的交流、经验分享，以"老带新"，以传、帮、带方式快速提升团队成员的能力。建立资源共享制度、学习例会制度、进修学习制度，开展辅导员素质拓展、外出考察、教育管理讨论等活动。

（二）建立完善的制度保障

建立班主任内部管理机制和运行机制，明确团队建设的任务和目标，规范团队工作。建立学校评价、学生评价及团队内部自我评价相结合的制度，为班主任团队建设的可持续发展提供良好的运行机制保障。通过目标管理和竞争管理强化责任机制。建立班主任团队心理训练制度，为团队成员提供素质拓展训练和心理讲座，以促进团队的发展和学生工作的高效完成。加强专业化培训，提升专业资质，建立自身能力提升"六个一"工程，即每个月开展一次教育管理讨论或工作经验交流会，每个学期开展一次班主任经验交流会，每个学期组织一次素质拓展活动，每学年开展一次外出考察活动，每学期每人发表一般学生工作论文，每位班主任必须取得一个

专业资质证书（心理咨询、职业规划师），每学年编辑一本班主任工作案例集。

（三）注重研究实践，开展大学生思想道德素质提升"六个一"工程

鼓励和督促班主任每周组织一次主题班会教育活动，每学期指导学生精读一本经典著作，每个月指导学生开展一次志愿服务活动，每学期指导学生开展一次社会实践活动，每学期组织学生观看一次爱国主义教育影片，每学年组织开展一次"红色之旅"德育实践基地考察活动。充分利用班会、周记、网络、主题活动等平台去引导和影响学生，做到高效、实效地开展烦琐而复杂的学生工作。

（四）充分发挥班主任专长优势，适时进行资源的有机整合

伴随着班主任学历层次的提高、经验的积累，班主任除思想政治教育工作之外的专业优势也逐步显现出来，学校对此可以以项目和课题的形式进行组织，如大学生职业生涯规划、大学生就业指导、大学生创业、大学生心理健康教育等方面的策划、宣传、指导，完全可以由班主任组织相应的团队来操作。另外，团队内部也可以根据各人所长，进行分工合作。这不但体现了学有所长、学有所用，同时也是班主任走向专业化、职业化的重要表现。

（五）建立职业荣誉感，培养职业化团队

规划共同的愿景，将团队的目标与团队成员的个体目标有机地整合在一起，努力激发团队的归属感意识，激发团队成员的创造力，增强团队成

员的凝聚力，帮助团队成员树立主人翁意识和职业荣誉感；积极搭建各种人才交流的校内外"立交桥"，走出学生工作系统的"小循环"和教育系统的"内循环"，融入社会人才交流的"大循环"，促使班主任队伍在流动中求稳定、在稳定中求发展。

第二节　高校班主任队伍建设的意义

班主任是大学生思想政治教育工作的骨干力量，高校班主任对大学生的世界观、人生观、价值观具有重要影响。是否能采取积极有效的措施搞好高校班主任队伍建设，直接影响到高校的学风建设，影响到高校学生工作的和谐与稳定，影响到班级、学生和学校发展目标的实现。积极探索高校班主任队伍建设的发展方向，是培养创新人才，完善高校育人梯队，全面提升学生综合素质，建立健全全员育人、全过程育人和全方位育人的长效机制的有效途径。

一、组建班主任专业化发展团队的必要性

（一）班主任专业化发展团队是实现班主任专业化的创新途径

中共中央、国务院在 2004 年印发《意见》对班主任的职责和队伍建设提出了明确的指导意见，班主任的专业化、职业化发展也得到了广泛关注。时代的发展以及青年大学生个性和心理的多样化、善变性等特点，要求高校思想政治教育工作创新方式和方法。班主任自身知识有限，需要不断学习充电，以达到专业化的目标要求。在这种时代背景下，组建班主任

专业化发展团队是探索班主任专业化的创新途径。

首先，班主任专业化发展团队为高校班主任专业化发展提供了模式参考。组建班主任专业化发展团队，是将班主任专业化付诸实践的有效途径，它以团队的形式，聚集对思想政治教育工作某一领域感兴趣和有相关学科背景的人才，通过培训、调研考察、团队讨论等方式，使班主任在团队中互相学习、共同提高专业化水平。其次，班主任专业化发展团队为班主任专业化发展提供了机制保障。班主任队伍中不乏个人专业化水平很高的工作者，班主任专业化发展团队保障了个人专业化成果的传播。最后，班主任专业化发展团队能为大学生成长成才提供更专业化的服务。当代大学生的个性、心理等呈现出这个时代独有的特点，对思想政治教育工作也提出了更高的要求。组建班主任专业化发展团队，能够通过资源共享提升班主任的专业化水平，以满足思想政治教育工作的新要求。

（二）班主任专业化发展团队是提升班主任职业公信力的重要平台

班主任职业公信力是一个递进的概念，指的是班主任职业本身所具备的为社会公众所认同和信任的程度，以及进而产生的班主任群体在学生工作中表现出来的为学生和社会所认同的影响力。一方面，班主任专业化发展团队通过团队建设这个平台可提升班主任思想政治教育的专业化水平，使工作效率、服务水平得到提高，个人发展得到保障，这将吸引更多的优秀求职者的关注并从事班主任这个职业，进一步提高班主任职业本身的公信力。另一方面，当大学生因受到专业化水平较高的班主任队伍的指导，其个性需求得到满足后，学生就更加信任和认同班主任工作。由此可见，组建班主任专业化发展团队，是提升班主任职业公信力的重要方式。

（三）班主任专业化发展团队是班主任践行社会主义核心价值观的有效载体

班主任在专业化发展团队中，可以更好地把"爱国、正直、明德"作为自己的价值追求，自觉投身到培养社会主义建设者和接班人的行列中。首先，团队氛围熏陶班主任践行社会主义核心价值观。班主任专业发展团队可以在很大程度上克服班主任个人存在的懒惰心理，在共同监督中积极投身大学生思想政治教育工作。其次，团队活动指导班主任践行社会主义核心价值观。做好大学生思想政治教育工作是班主任的本职工作，团队设计的系列活动可以从专业化的角度有针对性地指导班主任更好地践行社会主义核心价值观。最后，团队绩效激励班主任践行社会主义核心价值观。科学的绩效考核是团队进步的动力，班主任专业化发展团队也不例外。在科学合理的绩效方案的驱动下，班主任践行核心价值观的动力更足。

二、班主任团队的建设目标和工作任务

从团队的定义可以看出，目标是团队的灵魂，一个团队从组建开始就必须有明确的目标，它是驱动团队及成员工作的原动力。因此，应基于学校教学改革与发展的现状和问题，抓住人才培养和教学改革的重点、难点、热点问题，捆绑重大的教学改革项目，围绕教学精品建设和教学成果培育，制订明确、具体的建设目标和工作任务，使班主任团队建设工作不仅成为学校教学改革与研究的主要阵地、教师教学合作模式与完善基层教学组织功能的示范点，同时成为培育教学精品的孵化器、培育教学名师和优秀教学成果的摇篮，成为学校提升教学质量的突破口。具体而言，要区别不同课程类型的班主任团队，将团队建设的主要任务和目标细化为在教学工作、

教学研究、科学研究、队伍建设、团队管理机制建设、标志性成果培育与获得等方面的具体建设内容。一方面，使不同课程类型班主任团队的目标和任务各有不同的侧重点；另一方面，使不同课程类型的班主任团队，不断深化对所属课程和教学环节在人才培养中地位的认识，形成具有特色的建设思路和措施。在明确团队建设总目标的基础上，还应将其分解为建设周期内各年度具体的具有相关性、可以衡量、通过努力能够达到、有明确截止期限的阶段性目标，促使班主任团队及其成员找准自身定位，明确具体工作任务，知晓并承担起自己的职责，分阶段有针对性地开展团队的建设工作，同时也为学校加强对班主任团队建设的过程管理和目标管理，实施科学化的绩效考核奠定基础。

三、班主任团队建设

（一）强化班主任团队建设运行的分层管理

班主任团队建设实质是加强教学基础建设。因此，班主任团队建立后，应遵循教学规律，从学校发展的战略和全局高度理性对待班主任团队建设工作，以班主任团队建设的总体规划和目标为依据，统筹安排，精心组织，按照管理与保障监控相结合、目标管理与过程管理相结合、管理重心下移和管理权限下放相结合、加强指导与分层管理相结合的原则，把对班主任团队建设的管理纳入校院两级教学管理的重要范畴，实施科学化、规范化的管理，以保证班主任团队的有序运行和稳步发展。天津工业大学高度重视班主任团队建设的管理工作，在学校层面由主管教学的副校长与校教学工作指导委员会统领班主任团队的建设工作，负责组织开展班主任团队的规划、遴选和立项管理，协调解决涉及学校各部门的问题，定期开展检查、指导和咨询，制定班主任团队的立项建设管理办法及考核评价指标体系，将团队建设工作纳入年度教学单位工作考评范畴，对规范团队建设工作与管理发挥了导向和约束作用。而班主任团队所属教学单位则作为学校指导下的管理主体，负责掌控和监管本部门各级各类班主任团队的工作状态及进程，协助解决团队建设中遇到的问题，营造良好的工作环境，有效地推动班主任团队建设工作的有序开展和任务目标的完成。在班主任团队内部，由团队带头人全权负责班主任团队建设工作的日常管理，协调团队成员的工作与合作，带领团队成员形成奋发向上的团队精神及团队凝聚力、向心力和战斗力。

（二）强化班主任团队建设的保障机制

班主任团队要正常运行并取得优良的成果，必须以一定的政策和制度、软件和硬件条件以及资金投入作为后盾和保障。天津工业大学广泛宣传和倡导开展团队建设实现合作共赢的理念，积极营造以人为本、尊重人才，鼓励改革探索和协同创新的文化氛围，让全校上下充分认识和理解开展班主任团队建设对学校发展的积极作用，举全校之力协同一致地推进班主任团队建设，特别是学校领导和管理人员更应更新工作理念和思路，自觉进行角色转换，自觉为团队建设提供周密的指导、支持和服务，为班主任团队的建设搭建良好的工作平台，提供宽松的工作环境和充足的软硬件条件等。学校按照物质奖励与精神激励相结合的原则，出台并实施系列政策，赋予团队教学改革实施的决策权和自主权、建设经费与教学资源的配置权和使用权。在推动教学研究工作中对班主任团队成员的研究项目优先立项和资助，在职称评聘、评奖评优中对班主任团队成员给予适当倾斜，为团队成员特别是中青年骨干教师提供更多学习、培训、交流的机会，鼓励他们深入行业、企业一线开展产学研实践。设立班主任团队建设专项经费及管理办法，对不同级别的团队给予不同额度的资助，同时按教学绩效奖励标准上浮 20%，加大对班主任团队取得的成果的奖励力度，强化责权利相结合的团队建设管理理念，有效地调动团队成员工作的积极性和主动性。

（三）强化班主任团队建设的绩效考评

对班主任团队的建设成效，实施科学有效的绩效考评是调动团队建设积极性，提升团队建设水平的有效途径。我们认为，科学有效的绩效考评应立足于学校人才培养水平的提升，紧密围绕班主任团队建设内容和目标，以"以评促建"为宗旨，在评价主体上，既要注重管理部门及同行专家的评价，又要注重学生的评价；在评价内容上要体现教学与科研互动，兼顾团队业绩与成员个人业绩，既注重对团队的课程教学和改革、教研与科研等显性成果的评价，又注重对培养与提高学生素质和能力、团队精神以及团队协作和自律等隐性成果的评价；在评价方法上，应主观评价与客观评价相结合，定性评价与定量评价相结合，形成性自我评价与学校定期检查考核相结合，成果公示和现场汇报交流相结合；在评价环节上，应强化目标管理与过程管理相结合，既注重团队建设期满的合格评价，又注重过程的阶段性监督与考核。此外，要维护考评工作运行的公开、公平、公正，提高考评的严肃性和透明度，建立团队间学习交流的平台，实现绩效考核对班主任团队建设工作的导向、引领、激励和约束作用。

天津工业大学将对班主任团队的绩效考评包括年度考核和建设期满后的验收考核。其中年度考核指标体系分为定量评价和定性评价两部分，由13 个一级指标下设 35 个二级指标组成。定量评价主要包括团队所属课程教学工作量、学生评教、指导学生获奖和发表论文、教学研究项目、教材编写、科研工作等 9 项一级指标，在其二级指标下按不同档次团队设立不同的优秀、良好、合格的等级标准；定性评价主要包括团队组织及运行管理机制建设、教学内容、教学方法和手段、教学保障等 4 项一级指标，在其二级指标下设立主要观测点及具体评价标准。建设期满验收考核以目标考核为主设立考核指标，对建设期满后教学和科研标志性成果的获得情况，设置不同档次、级别的团队设立合格的最低标准。以四年为建设周期，达到期满合格标准，同时年度考核合格次数不少于 3 次的，才能视为最终合格。在这样的绩效考评体系下，学校已对首批立项的 34 支班主任团队进行了两次年度考核，促使班主任团队对照指标找差距，发现问题及时纠正，实现了学校对班主任团队建设的进展及成效的跟踪管理，发挥了对团队工作的诊断、调控、激励和鞭策作用。

四、班主任是学生思想的引导者

就像生活本身所表现出来的复杂性一样，学生的生活永远处于转变之中。低年级的大学生在入学时所表现出来的依赖性与在高年级时所表现出来的叛逆性一样，都是合情合理的。如果一个班主任只是告诉学生要做什么，不要做什么；什么是可以做的，什么是不可以做的，这并不利于解决学生在生活中遇到的五花八门的实际问题。班主任既然是学生成长的关怀者，就需要包容年轻学生所犯的错误，需要耐心倾听他们的倾诉。其工作的主导行为就是在开放与平等的交互对话体系中，激发学生创造性地面对生活的潜能和自主行为。

大学生活为学生提供了一个角色定位的模拟社会。班主任有责任帮助学生在寻求社会需要与满足自身愿望之间保持有益的张力，其格调应当是积极的、乐观的。然而学生的思想觉悟是相对无形且内隐的，班主任的谆谆教诲要想达到内化的效果，一方面要以富于意义的解释打动学生的心灵，另一方面要以自身的角色完善作为保证。与之相对，枯燥乏味的说教和言不由衷的行为毫无疑问会给学生的思想发展造成负面影响。

针对大学生的身心特点和思想实际，针对班级学生素质发展的阶段性目标，班主任要循序渐进地开展主题教育活动；要重视对一些"特别"大学生的特殊教育，如特困生、单亲家庭学生、严重违纪生和高考非志愿生，给予教育、关照，使班主任工作更加人性化，更加有人情味；要善于将心比心，换位思考，因人施教，因势利导，维护大学生的人格尊严，本着对国家、对社会、对学生及对家长高度负责的精神，恪尽职守。

班主任的引导作用体现在对大学生积极的人生信仰的引导上。当学生产生信仰危机时，班主任应引导学生思考人生的路该如何走、人生的价值在何处等问题。同时，班主任要以自己正确的、积极的人生观和价值观去影响学生，教会学生在纷繁的社会现象中辨别是非，引导学生爱党爱国，勇于进取。同时注意利用社会上积极的、先进的事例，有针对性地对学生进行思想道德教育。班主任本人的积极人生态度对学生来说是一个榜样，班主任坚定的信念、高尚的情操，以及真诚地为学生服务的态度，是促使学生形成积极人生观的正面力量。

五、班主任是学生学习行为的指导者

当代大学生的学习内容和研究领域涉及各门学科且较为深入，班主任自身的知识结构和专业背景显然不足以对每个学生一一加以指导。我们一般喜欢说"授之以渔"，或更通俗地称为"教给学生学习方法"。这是相对于讲授有限的知识而言，而事实上，讲授方法本身也相对落伍。班主任是学生学习行为的指导者，班主任要做的是组织学习活动，给予学生专业上的指导，并时常提醒偏失方向或落后的学生。

班主任对学生的指导作用主要体现在对学生的学习方法、学习能力、创新能力、科研能力等的指导上。一段时期以来，我国的高等教育体系与社会主义市场经济体制不相适应，与社会的发展不相适应，高校中存在专业口径过窄、人文教育薄弱、培养模式单一、教学内容陈旧、教学方法死板的现象，以致于学生基本功不扎实，知识面狭窄，科研能力不强，工作中缺乏创新意识和创新能力，不能适应社会主义市场经济体制对人才的需要。高校的素质教育主要是通过深化教学改革来完成的，但一些改革措施远未到位，教学内容的实质性更新也需要时间，学生的能力培养还未落到实处。在这样的情形下，班主任除了要求学生认真上好每一堂课外，还应该主动出击，替学生开展一些"第二课堂"的活动，以改变目前高校中"三多、三少"现象（课程多、内容多、学时多；阅读参考书的时间少、分析思考问题的训练少、实践锻炼的机会少）所造成的学生接受知识能力较好，解决实际问题能力一般；完成给定任务的能力较好，大胆创新能力一般的现象。

六、班主任是班级工作的组织者和管理者

班主任是班级工作的组织者和管理者，是学校领导进行教育工作的得力助手。班主任对一个班的日常工作全面负责，组织学生的活动，协调各方面对学生的要求，班主任对一个班集体的发展起主导作用。现代学校管理心理学认为，班主任对班级的管理模式有三种类型：专制型、民主型、

放纵型。专制型管理模式目前在高校中较少看见。民主型模式是一种理想模式，这种模式培养出来的学生有明确的人生目标、正确的价值观，又有一定的能力，采用这类模式的班主任在目前高校中也为数不多。多数班主任采用的是放纵型管理模式。目前，我国的高校实行的是"精英教育"，大学生均是通过了高考"独木桥"的佼佼者，他们有一定的工作能力和自我管理能力，班主任的日常工作可以一定程度上依靠班干部管理和学生自治。但依靠学生的自治，不等于班主任的"无为而治"。"无为而治"的结果是学生人生目标不明确，同学关系冷漠，班级舆论正气不足，部分干部大权在握，组织纪律自由散漫。

班主任应充分发挥自己在班级管理中的主动性和积极性，管好班级必须采取与之相适应的科学方法，才能收到事半功倍的效果。因此，必须首先处理好严与爱的关系。严格要求是管理的起点，严就是从贯彻各项规章制度入手，严格纪律是实现学生德智体美劳全面发展的保证。爱是老师对学生的一种社会责任感，爱对学生有直接的感染作用、扩散作用，是做好班主任工作必需的。热爱学生，学生就会乐于和你谈心，接受你的教导，这就是"亲其师，信其道"。反之，学生就可能以某种否定的态度对待你的教育和指导。实践证明，如果教师对某个学生不尊重，感到厌烦，那么教师的任何批评和苦心教导都不会引起学生改正错误的决心。如果从热爱学生出发，而不是护短，掩盖学生的错误，有针对性地进行教育，动之以情，晓之以理，启之从事，示之以法，寻之以行，就能把一个顽劣的学生转变成一个好学生，把一个混乱班级变成一个先进集体。因此，班主任的组织管理工作还具有示范作用。

班主任在班级活动中的策划作用体现在对班级活动的选择上。班级活动的策划应充分体现以学生为本的原则，一切活动的开展应为学生的全面发展服务。班主任所策划的活动离开了这个原则，便成了为活动而活动，失去了活动的意义。这样的错误决策会浪费学生的时间，同时因看不到应有的成效，这样的活动最终会失去支持，导致班主任工作的失败。

在具体的活动选择中，班主任应针对所带班级学生的年级特点和学生的专业特点选择不同的活动。低年级的学生，尤其是刚入学的新生，面临着大学生活的适应问题，班主任应多找学生谈心，考虑策划一些大学学习方法、心得交流的活动；高年级的学生，由于进入了大学学习的实质性阶段，班主任应把活动重点放在学习和研究方面，同时还可策划一些与个人的人生发展有关的活动，如毕业生，班主任的活动策划应多考虑学生的就业指导和走出社会后急需的技能等，可以策划一些成才讨论活动，使学生树立科学的择业观和就业观，正确判断就业形势，正确评价自己，让学生认清人才的本质及大学教育的根本作用是人才素质的培养。

七、现代大学班主任团队导师制度

世界一流大学在本科生教育中实施的导师制、住宿学院制等对一流人才的培养有着积极的影响，这已经得到了很多研究的证实。针对这个现状，我国高校要继承中国传统教育的精华，融合欧美名校的现代管理体制，创建一个开放的、自由的、具有中国特色的现代导师制度，培养具有扎实的学科知识和良好人文素养的优秀人才。

班主任团队导师成员具体职责与分工如下：

（一）班主任

班主任从本学院专业授课教师队伍中（包含知名教授）选拔，对于专业教师的教学方向和教学背景、性别、授课年限等一般没有要求，但是选出的导师必须热爱学生，能积极和学生沟通交流。班主任主管学生的学习生活，给予他们学术和生活上的双重指导。

（二）班主任助理

班主任助理由博士生或学院的工程师担任，具备一定的专业能力与特长，主要职责就是全面协助班主任的各项工作。他们为学生联系学术导师与职业导师，以及指导研究生助教和联系学长组。班主任助理在定期辅导学生学习的同时也要为学生提供最前沿的学术知识和科技信息。

（三）学术导师

学术导师由本学院知名专业教师担任，一个班级配备学术导师 3 人左右，也可允许其他相近学院或者其他高校的教师参与，学术导师主要负责学生的学术、课业、专业方面的指导与引导。

（四）职业导师

职业导师是班主任团队成员利用各自的社会资源，聘请社会上知名的企业家、医生、律师、作家等来担任。这些在社会上已经取得一定成就和有经验的人士可以为学生提供各个领域的职业建议和职业发展指导，并且还可以提供一些人文指导，包含社交礼仪和社交能力的指导等，以培养学生科学的素养、人文的情怀。职业导师定期在学院内举办讲座、沙龙等活动，学生通过与这些职业导师的交流，可解决关于职业发展方面的困惑。

（五）研究生助教

研究生助教由硕士研究生担任，本科生与研究生助教的沟通主要通过单独见面的形式，这样不仅可以保证交流的私密性，还可以营造轻松的气氛，以扩大交流话题，鼓励学生发表自己的看法。

（六）学长组

学长组从本学院大三优秀学生中选拔 2 名担任，最好为一名男生和一名女生，对新生学习和个人生活予以建议和指导，帮助他们加强交际能力，确定个人的专业发展方向。

（七）学生代表

由学生自主竞选出的班长和团支书担任。他们负责向班主任和专职班主任助理汇报同学们的学习、生活情况，举办各项有益身心健康的文体活动，以锻炼学生的团队协作能力以及与人沟通的能力。学生代表参与学生管理，组织安排本班同学与其他班级同学的交流，办理班报等，对班委及全班同学负责。

班主任团队导师制使得学生有任何学业、心理等方面问题都能得到全方位、及时的指导。整个架构分工明确，为学生提供了全面的拓扑式网络化的沟通渠道。团队人员的多样化及多层次性，导师团队的多功能性，让学生从人文、精神、专业及生活等方面都能得到帮助和指导。"以学业关怀为依托，以生命成长为目标"，实现培养兼具科学素养和人文情怀的全面人才的目标。

八、班主任团队建设的意义

现代管理心理学研究表明：要想成功、要想发展，一个很重要的条件就是团队合作，而不仅仅依赖个人，越来越多的成功是靠团队，是靠团队内成员之间的交流沟通和协作取得的。21世纪越来越强调团队合作。现代团队建设中特别强调的概念是高绩效团队。团队（Team）是指为了实现某一目标而由相互协作的个体所组成的正式群体，是由员工和管理层组成的一个共同体，它合理利用每一个成员的知识和技能协调工作，解决问题，实现共同的目标。培训班里有那么多人同时在培训教室、培训现场算不算团队？答案是不算。学员作为群体，随着学习时间延长、学习目标和学习计划的改变，学员群体可以逐渐向团队过渡。就好比挤公共汽车的人，这不叫团队，因为每个人的目标不一样，就算是大家要到达同一个目的地，但是彼此之间没有互动。团队是由两个或者两个以上的人组成，为了共同的目标，彼此互动和相互影响的个人集合体。

班主任工作是负责班级管理，管理督促参训学生群体按时高质量完成学习任务。在配备班主任人选上，根据班级人数规模、学习目的和学生层次三个维度，指定1~3人。一个人不能叫团队。俗话说："俩成对，仨成伙。"班主任团队属于小团队，要由两个或者两个以上的人构成，有共同的目标和活动，大家在一起做什么、去向何方很清晰。成员之间进行互动，成员之间的关系是密切的、直接的。在团队里，应有领导者，区分主次，一个团队不能群龙无首。成员要有授权，分工合作，每个人都有承担的责任，发挥各自的专长，团队成员间要互相关联，要遵守一定的规范。班主任团队目标是管理好学生学习生活，保证学生上课秩序和出勤率、协调好学生和教师之间关系，负责班级事务和班级安全，圆满完成管理任务。

第三节　如何造就优秀班主任

近年来，在中央各部和地方高校的共同努力下，高校班主任队伍建设成效显著。但从现状来看，建设仍未完成，发展仍不成熟。在科技高度发达、物质空前繁荣、信息飞速流转、思想复杂多元、教育深化改革的新时期，高校班主任的思想政治教育工作面临诸多的新情况和新课题。这既是高校班主任工作面临的新挑战，也是促进高校班主任队伍建设日益完善，推动高校思想政治教育工作迈上新台阶的新机遇。随着素质教育的推广，班主任工作在大学教育中的作用逐渐突出，不仅在学生的学习、生活、思想活动方面起着指导性作用，而且在任课教师和学生中间起着连接纽带作用。班主任是高校教师队伍的重要组成部分，是高等学府学生德育工作和思想政治工作的骨干力量，是大学生健康成长的引路人。如何引导大学生成才，构建一个和谐、健康的班集体，是值得高校每一位班主任深思和探究的问题。

一、培植优秀高校优秀班主任土壤

优秀班主任团队与整个高校的班主任队伍的关系，相当于部分与整体的关系。如前文所述，优秀班主任团队的打造能提升个体成员的综合素质和工作能力。优秀的班主任个体是高校班主任队伍的组成细胞，个体的提升必然促进队伍整体的提高。此外，优秀班主任团队的建设虽有先后，但是"点能带面"，先建者必定能带动后建者，最后都汇集到高校班主任队伍建设的洪流中，共同实现高校班主任队伍的优化、提升和发展。

思想政治教育科学化的实质是以马克思主义为指导，高扬科学精神，运用科学的理论和方法，去认识、掌握和运用思想政治教育的规律，提高思想政治教育的实效性。

班主任是高校思想政治教育的一线工作者。因此，高校思想政治教育实施的质量与班主任密切相关。推进高校思想政治教育工作的科学化也离不开这些奋斗在最基层的班主任。建设优秀的班主任团队能促使班主任个体提升政治素质，优化知识结构，增强工作能力，提高文化素养，深化对思政工作规律的认识，并科学运用规律开展思想政治教育工作，从而提高高校思想政治教育工作的针对性和实效性。

任何一支优秀团队都离不开一个共同的美好愿景、优秀的团队成员、科学的运行机制和卓越的团队文化。一个共同的愿景是每个团队存在的基础和先决条件。然而，科学有效的运行机制和卓越的团队文化则需要后天养成。笔者将从三个方面简要探讨优秀班主任团队的养成之道。

科学合理的制度是团队顺畅运行的保障。建设优秀的班主任团队除了要遵照国家政策文件和学校制度规章以外，还需要建立一套相匹配的制度规范，用以规范团队成员的行为和指引团队的发展。笔者认为制度的建设和完善可从以下四个方面入手。

1.围绕工作规范建制度。将国家相关政策文件和学校、学院班主任工作相关规定和要求整理成规章制度汇编，细化工作要求、规范工作程序，为做好班主任考核工作提供依据。

2.围绕目标任务建制度。立足长远，兼顾当前，根据工作总目标和不同阶段的工作重点，同步制定和不断优化工作制度，确保制度的延续性和有效性。

3.围绕项目管理建制度。实行项目责任制，确定项目负责人，强化项目管理，并将管理目标和要求形成制度，提高项目实施的效率和效益。

4.围绕团队建设建制度。从优化团队和激励团队的角度出发，建立一套完整的考核评价机制，并在实际操作过程中不断完善。首先，根据工作要求和工作制度细化考核项目和确立考核标准。其次，根据工作条件和工作实际将考核工作业绩与考核工作态度相结合。最后，综合考核。坚持自评、互评、相关领导部门考评和学生评议相结合，确保考评的科学性和公平性。通过以上四个方面的工作建立健全团队制度，为班主任的发展提供制度保障，推动班主任团队建设工作取得新进展和新成效。

二、高校班主任角色定位

高校班主任首先是班级的管理者，是学生教育与管理工作的组织者与实施者，需要负责班级的所有日常工作，包括协调学生工作、组织学生活动等。在此项工作中，高校班主任需要首先贯彻积极性与主动性，确保工作的公平与公正，为学生工作者做出良好的示范。

与此同时，高校班主任也是学生思想与生活的指引者，对大学生世界观、人生观、价值观的形成起到了至关重要的指引作用，高校班主任需要在教育工作中秉承以人为本的工作理念，尊重学生、理解学生、引导学生、鼓舞学生，帮助大学生在初入社会的敏感时期建立起积极健康的思想理念与行为价值观。

另外，高校班主任也是大学生学业上的监管者与指导者，在学生的学习方向、学习方法、学习能力等方面起到了十分重要的指导作用。对于大学生而言，学习不是唯一的事情，但却是最重要的事情，是未来走向社会的重要资本之一，因此，高校班主任需要着力在学风建设方面加强管理，帮助学生制订学习目标，鼓励学生在科研方面加强学习，在班级内部建立积极勤奋的良好学风。

三、提升班主任的综合素质

在当前高校班主任多重身份定位的基础之上，需要高校班主任提升自身的师德修养，如此才能符合培养合格大学生的基本要求，完成当代大学生教育的根本任务。高校班主任所应具备的基本素质主要分为以下几个方面：

首先，高校班主任需要具备坚定的共产主义理想与信念，在思想上有坚定的立场，注重自身的行为举止，本着对本职工作负责的态度，以身作则；秉承言传不如身教的理念，以正确的是非观念与行为素养为学生们做出榜样。

其次，高校班主任需要具备较强的职业素养，不断地补充知识，掌握前沿教育思想与管理方法，掌握教育、管理及心理学等方面的知识，系统地了解现代高校教育的原则、目的、过程及方法，科学地协调与运用各方面的教育资源，把握学生的心态，在教育与管理中达到最佳效果。

最后，高校班主任还需要具备过硬的心理素质、坚忍不拔的意志，在工作中表现出强烈的责任心，对于学生工作具备强烈的热情，并以积极主动的心态影响学生，促使学生形成克服困难与承担责任的勇气。与此同时，高校班主任还应当时刻保持开放积极的心态，善于控制情绪，冷静地分析问题与解决问题，提高学生对班主任的信赖感，如此才能更加有效地开展班级工作。

优良的综合素质和超强的工作能力是优秀班主任的必备条件，也是一个优秀班主任团队的评判指标。提升班主任的工作能力和综合素质则可从以下几个方面入手。

首先，聘请专家、学者给团队做指导。第一，聘请政治学专家或学者给团队上课，提高团队成员的理论修养。第二，聘请思想政治教育方面的专家给团队讲述思想政治教育工作的规律和工作方法等。第三，聘请国学、心理学、教育学等方面的专家作为团队的顾问或导师，定期给团队成员开展各方面的讲座，指导团队班主任进一步提高思想境界、理论素养、文化修养和工作技能。

其次，建立常态化的培训交流学习机制。充分运用"学习型组织发展模式"，健全班主任政治理论学习制度，加强团队成员的常规学习和专题学习。例如，开展每月一次的学习理论沙龙。坚持开展报告会、座谈会、研讨会、培训班、读书班等行之有效的学习活力。建立班主任思想状况定期调查分析制度，准确把握班主任思想动态和学习需求，不断提高政治理论学习效果。此外，可以通过常态化的对内和对外交流来扩大班主任的视野，加强班主任团队之间的交流与合作。

再次，激励团队成员提升学历层次。提升班主任的学历层次是增强班主任团队核心竞争力的有效途径之一。激励团队成员通过报考高校班主任攻读思想政治教育专业博士学位计划，或是考取其他专业的学位，或是考取各类职业证书等方法来进一步提升学历和职称，使得团队成员能不断优化自己的知识结构，提高竞争力。

最后，鼓励成员参与各类比赛、项目和课题。紧紧围绕班主任技能竞赛、班主任博客大赛等比赛、教育部班主任专项课题等各类思想政治课题，大学生德育实践项目、暑期"三下乡"社会实践活动等组建项目化运作的平台，以竞赛项目促团队组织能力建设，以课题项目促团队理论研究发展。

四、在团队中共生成长

没有完美的个人，但有完美的团队。如何充分发挥团队个人对个人、团队对团队、团队对个人、个人对团队的激励示范作用，是一个相当有研究价值的课题。

首先，团队内部建立起"老带新""一帮一"的特色示范引领工程。班主任团队成员之间有职称的高低，有资历的深浅，有特长的差别，有经验的多少。因此，通过团队中从事学生工作年限较长、经验较为丰富的班主任带动、激励年青一代班主任的成长和成熟，可以有效提高整个团队的竞争力和战斗力。

其次，团队要鼓励班主任在做好思想政治教育工作的同时，力求创新和突破，打造经典和品牌，形成核心竞争力。例如，湖南大学的"金大团"就已经形成自己的品牌，并产生了积极的效应，吸引了其他高校班主任的关注和效仿，从而对整个班主任行业产生示范激励作用。

最后，团队要搭建对外宣传和交流的平台。除了发挥传统媒体的宣传作用外，还要积极搭建新媒体网络平台。例如，建立属于团队的微博、微信等平台。积极利用这类新平台挖掘和宣传典型，与其他高校开展交流和合作。此外，还可以利用新媒体开展形式新颖活泼的思想政治教育工作，传递正能量，开展"微服务"和在线解答学生的各类疑问等。

五、如何做一名合格的高校班主任

如何做一名称职的高校班主任？通过调研发现，大学生心目中的优秀班主任表现为：品德高尚、朴实善良、为人师表、知识渊博、兴趣广泛、思维活跃、勇于创新、意志坚定、乐观自信、心胸豁达、幽默风趣。高校班主任要真诚对待学生、尊重学生，具有使人心悦诚服的魅力；要掌握教育理念，洞察和理解学生心理，因材施教。

（一）加强自身修养，提高人格魅力

班主任要言传身教、严于律己、身正为范。班主任总是学生最先、最直接的模范、榜样。要求学生遵守学校的规章制度，自己必须先严格遵守；要求学生遵守学习纪律，自己必须遵守工作纪律。如果把一个班级比喻成一艘前进的舰艇，班主任就是这艘舰艇的领航员，对学生能否健康成长起着至关重要的作用。如果班主任没有真才实学，很难令学生信服，也很难管理好班级，因此，班主任要不断加强学习，提升自己的人格魅力、文化素养，做学生心目中的榜样。

（二）培养一支高效、精干的班干部队伍是班主任工作成功的关键

一个优秀的班集体，仅靠班主任的力量是远远不够的，还要有一个优秀的班干部队伍，他们是班级工作成功的关键，是班主任的小助手、班级的小管家，他们决定着班级的学习风气和精神面貌。

如何选拔班干部？选拔班干部首先看工作能力，班主任需要在开学之初对学生进行摸底了解，进行个别谈话，通过全班同学民主选举和班主

任推荐选出班干部。班干部将是班级中的中坚力量。选好班干部后，班主任要放权给学生，增强学生的主人翁意识，让学生自己管理，但是班主任还是要有高度的事业心和责任心，同时还应不断帮助学生干部树立信心。

作为一个班主任，要培养一批优秀的班干部，就必须给学生提供一个锻炼平台，充分发挥他们的聪明才智，让他们自己去思考、组织、创新，提高他们在同学们中的号召力和感染力。

（三）帮助学生进行专业分析，要求学生制订大学期间的目标

刚刚进入大学的学生对自己的专业很迷茫，要引导他们加深对专业的认识，从专业的来由、发展情况和前景、就业方向、已毕业学生的发展情况，引领学生认识专业，激发学生对所学专业的热情，为学生真正投入学习打下基础，特别是专业中比较成功的案例介绍，会激发学生学习的热情。明确自己努力的方向，为自己未来的学习、生活定好目标，学生才能逐渐进步。目标就是方向，目标明确才有前进的动力，没有目标就像迷雾中飞行的小鸟。目标越明确，前进就越有力量，在前进的路上每进步一小步，就会获得一次胜利的喜悦，因此，在入学之初就让学生制订三年的学习目标。

（四）引导学生重视学习，养成自学的习惯，打实专业理论知识，强化技能学习

狠抓学习风气，重塑学习化生存的学习习惯。学生步入大学后，在学习观念和学习方法上都会发生很大的转变，而且学习内容也发生了很大的转变，学习不仅仅是靠课堂上的学习，更主要的是靠自学。如笔者所带的英语教育（学前方向）学生，不仅要学习英语方面的知识，而且要学习钢

琴、舞蹈、美术等以前认为是副科，而现在是核心课程的科目，这样学生就需付出更多的努力，花费更多的时间，所以班主任要利用每一次班会、每一次和学生聊天的机会，帮助学生提高自主学习的能力，培养学生良好的学习习惯，快速变被动学习为主动学习，扎扎实实地学好专业理论知识，强化技能学习。

（五）摆正自己的位置

高校班主任要扮演好三种角色：严师、慈（父）母、益友，即给予学生严师之教、慈（父）母之爱、益友之情。作为班主任不能把自己摆在高高在上的位置，让学生觉得你可望而不可即，这样学生就会觉得你过于严肃，有了问题和困惑也不愿意对你讲，对你敬而远之，这样不利于师生之间的沟通和交流，不利于班级工作的开展。但是如果班主任和学生走得很近，和学生没大没小，学生就会无所顾忌，久而久之说话会没有力度，在学生中没有威信。所以，班主任要严而不厉、亲而不溺，扮演好教师和朋友的多重角色。

（六）加强对班级学生的心理辅导

当前大学生群体中不乏家境贫困和个性较强的独生子女，这两种学生往往容易走极端，因此，要加强对贫困生独生子女的心理诱导工作，并在必要时给予帮助，多进行心理辅导工作，使他们融入班集体。一个合格的班主任，应该是学生心理卫生的保健医生。班主任可以利用班会、课余时间找学生交流、谈心，为学生答疑解难，鼓励和鞭策学生不断进步。

（七）张弛有度

班主任要对学生有宽容、仁爱、欣赏之心。班主任对学生一定要有宽容之心、包容之量，用仁爱之心对待学生，让学生感到班主任的一举一动时刻都在规范自己的行为。要学会表扬学生，这样才会赢得学生的赞誉、尊敬和爱戴。优秀班主任应该是热爱、关心学生的典范。

第四节　高校班主任管理方法

21世纪的人才竞争不只是个人素质的竞争，而是人才组合的竞争，是团队赛。现代组织越来越需要团队工作，团队工作不仅依赖团队成员个人的能力，更依赖于成员之间的互相配合和协作的能力。

一、班级管理与大学生个性成长

班级管理是一门学问，如果潜心研究，大有文章。班主任不同于车间主任，因为面对的是一群活生生的主体，他们有自己的尊严、人格，作为教师，特别是班主任，也许应该更多地去研究他们的心理。教师和学生在人格上是平等的，但人格魅力是不同的，教师的作用就是用自己的人格魅力赢得学生的尊重。这种尊重不是权威，而是在相互理解、相互沟通的基础上产生的信赖。

对于学生管理工作而言，大学生不能被看作完全意义上的学生，因为其开始逐渐接触社会，自身的社会属性不断地增加。同时也不能将大学生看作完全步入社会的人，因为大学生对社会的了解还不够全面，不能全面理解和把握社会中为人处世的道理。因此，高校大学生具备以下特征。

（一）独立性

大学生通过大学生活与社会的接触，逐渐养成了自身的独立性。所构成的班级也具有独立性，这种独立性主要体现在意志上的独立，即不希望受到条条框框的束缚，想做自己认为值得或应该去做的事情。

（二）冲动性

大学生正处于青年时代，容易冲动是这个年龄段的自然特征。且大学生中出现各种打架斗殴等现象都与其有关，由于学生自身一般较难控制这种冲动，所以学校才会制定一些惩处比较严厉的规则来处理因为冲动而犯错误的这些学生，以警示其在今后的人生中不要再犯类似的错误。由于大学生易冲动，往往容易被利用来进行攻击性或激进性的活动，所以作为班级管理者，一定要注意学生的这种情绪，防止学生被利用，班主任应该帮助学生理性地思考问题。

（三）自我性

当代大学生出生在市场经济环境下，对自我实现的要求比较高，常常会以自我为中心来思考问题，有很强的自我意识，有时也会因为自己的利益忽视其他。大学生已逐渐形成稳定的人生观和世界观，他们的自我意识迅速发展，自我评价、自我激励和自我控制的能力迅速增强，从而使他们可以在更加复杂的关系中思考问题，形成自己人生的追求和对世界的看法。

（四）反抗性

大学生没有经过社会的洗礼，思想较为单纯，相信一切他们认为美好的、公正的事物，反抗一切他们认为迂腐的落后的事物。但由于学生思考问题的角度以及受知识面等因素影响，有时这种反抗是片面的，甚至是落后的、愚昧的。

二、大学班级管理的重要性

大学班级管理属于被忽略掉的重要环节。国家的综合国力看什么？经济、文化、军事、科技、国民素质等，其中国民素质是一个很重要的环节。国民素质看教育，看人的发展、人的素质，在人的发展中，有两个最重要的环节：一个是高考，另一个环节就是大学学习。

大学是学生进入社会的前一个阶段，是学生触摸社会的地方，是一个人由学生转变为真正的社会人，能够自己赚钱养自己，能够为社会贡献自己力量的前一个阶段。一个人在大学期间的表现如何一定程度上也决定了其未来的生活，所以大学期间的管理是很重要的，是决定学生能不能学到应该学的知识，是决定学生能不能顺利与社会对接，进入社会的关键一步。

大学管理不应当是"管教所"式管理，因为学生已经在生理和生理上日趋成熟。大学的管理应当是开放式、引导式的管理模式，开放地接受学生的优点、缺点，引导学生走向应该走上的人生轨道。大学是一个知识的宝库。大学应当鼓励在校学生积极地走出去，参加社会实践，参加锻炼，在优秀教师的指导下承接企业课题，积极为当地社会的经济发展做出贡献。而大学班级管理也应当朝着这一目标不断迈进。

三、大学班级管理工作中应注意的几个要点

任何一个管理工作都不是独立的，像 PDCA（Plan、Do、Check、Action）循环一样，几个管理工作应该是相互关联的，一个小的管理工作是包含于一个大的管理循环中的，后一个管理工作是以前一个管理工作的顺利完成为前提的。处理大学班级管理工作应主要注意以下几点：

（一）建立良好的关系网络

大学班级管理者只对特定班级行使管理权，而大学管理是开放的，这就决定管理者在管理过程中一定会遇到一些困难，并且一定要与外部交流

协商才能解决，如获取上级领导的支持（班主任等负责学生工作的直接领导），获得同学的拥护与支持，与任课教师、系教务秘书、各级学生组织、学校教务部门、学生工作处等相关部门保持良好的关系，以保证获取信息及时、通畅、准确。

（二）有一个好的心态和一颗服务的心

拥有一个好的心态，才能使自己快乐。同样有一个好的心态，才能够将班级管理工作做好。试想一下，如果作为班长的你，在一天清晨阴着脸进入班级，站上讲台宣布全班要去游玩的事情，再美好的安排都会被你阴沉的脸破坏，抑或你组织搬书，所有人都在搬书而你却在旁边"监督"，这样下次可能就不会有人再来搬书了。所以说，用一个好的心态和一颗服务的心来管理班级，对待指责报以微笑并在过后及时检讨，友善地对待同学，真正把大家遇到的困难当成你自己的困难，不但会令你自己有个好的心情，也会让你的管理效果显著。

（三）不满足并追求完善的心

大学班级管理工作是一个循序渐进的过程，也就是说在每个阶段都有各自不同的任务，而下一个任务的开始又是以上一个任务的完成为起点的。这要求管理者站在全班的角度来思考问题，根据时间的推移不断把握现状，制定工作目标，并将工作落到实处。同时也要求管理者不知满足，不断追求完善，这样才能发挥出管理者最大的创造力，不断完善班级的各方面，使班级学生处在更好的环境中。

（四）坚决不退缩

有些班级管理者在工作一年或半年后渐渐觉得无聊或无所作为，直接

63

选择了退出，让后来者接任，这是非常不理智并且不负责任的。任何一个后来者都将发现："现在我该做的工作没有办法开展，因为他没有把之前的工作做好，而我如果现在回头做他之前做的工作，现在的工作要放到以后去做。"① 所以迫使后来者面对更多的困难，造成了恶性循环。前面说到了，大学班级管理是一个过程，这个过程就好像国民经济发展规划一样，不能停下来，必须按部就班地把每个时期的事情做好，然后才可以继续实施下一时期的计划，对于"中途换将"这种事情最好不要发生，既然选择了做班主任，就要带领这个班级一往无前地好好地走下去。如果不得已辞职离开，那要保证之前的工作都已经完成并顺利交接。

四、班主任专业化发展团队的建设目标

（一）团队中个人具有明确的目标

这个目标既来自个人的目标规划，也来自组织对个人的目标设计。个人具有明确的目标是期望理论的要求，更是班主任专业化发展团队运行的基本前提，加入班主任专业化发展团队的每个人都要以专业化发展作为自己的初衷。对于个人的激励力量实际上是一个目标导向的行为，如果个人没有目标，个人努力就成为空谈，组织的奖励和个人取得的工作绩效对于个体来说就毫无意义，就不会产生工作动力。同时，如果个人认为组织对个人的目标设计不合理，他也不会为目标付出努力，激励力量就等于零。班主任专业化发展团队目标和个人目标都要以社会主义核心价值观为引领，最终为建设具有中国特色的社会主义服务。

---

① 中共辽宁省委《共产党员》杂志社.党的思想政治工作问答[M].沈阳：辽宁人民出版社，1983.

（二）团队中个人努力能获得回报，即个人绩效能满足其专业化发展的需要

个人努力是基于努力之后的结果而付出的，如果尽最大的努力都得不到任何回报，个人将会放弃努力。个人实现这种绩效的概率越大，努力程度也就越高。因此，团队要帮助个人实现对个人绩效的期望，以鼓励个人更加努力。

（三）个人努力得到绩效后，团队要予以奖励

在实现个人期望之后，他会考虑自己的绩效在组织和团队中能得到什么体现，即组织奖励能否满足个人对奖励的期望。个人是团队和组织中的一员，他不仅期待付出有所回报，还对组织对他的奖励抱有较高的期望，这也是个人的作用在团队中得以体现的必然要求。个人取得绩效的同时，也期待对团队和组织的发展有所帮助，从而为自己的绩效和努力寻找动力源。团队要想提高个人的努力程度，就要为个人获得组织奖励提供必要的机制保障。

（四）团队为个人提供的奖励服务个人的终极目标

个人的激励力量既然是一个目标导向的行为，所有的行为都要最终指向个人的目标，包括长期和短期的发展目标。对于班主任专业化发展团队而言，队员的终极目标是实现专业化，因此，团队提供的奖励，如果从精神上或者物质上不能助力个人目标的实现，个人努力程度就会减弱甚至消失。

五、班主任专业化发展团队运行中的不足

目前，班主任专业化发展团队的建立在一定程度上促进了班主任专业化发展，但仍处在探索初期，在实际运行中难免存在一些不足。这些不足制约着班主任专业化团队的健康发展，具体来讲，突出表现为以下几方面。

（一）职业规划不清晰，个人目标不明确

虽然班主任对于专业化发展团队的热情很高，积极地加入相应团队，但缺乏对个人目标的定位，职业规划模糊，以至于在团队中表现不积极，甚至一人同时加入三四个甚至更多的团队，精力有限，无暇顾及每个团队的发展。班主任是学生的人生导师，应为学生的职业发展提供帮助和指导，可现实中，一些班主任对自身的职业规划尚不清晰，其指导学生的专业程度和效果便可想而知。

班主任职业规划不清晰的直接表现是，班主任对个人目标不明确。这主要有三方面的原因：第一，班主任个人由于理论知识学习不足，对高校思想政治教育的核心内容以及包括社会主义核心价值观等在内的思想纲领的学习和领悟不够深刻，因此，行动缺乏精神向导，容易迷失方向。第二，班主任自身加入团队的动力不足，大部分班主任是出于个人兴趣和专业特长进行团队选择，但也有少部分班主任为完成上级任务而加入团队，因而对团队的发展和个人规划缺乏思考和行动。第三，班主任专业化发展团队组建以后，没有从团队层面对发展目标进行集体讨论，未达成集体共识，不能以核心价值观凝聚团队成员，从而导致班主任加入团队以后不知从何处着手努力。

（二）培训机制不健全，绩效奖励不系统

个人提升是班主任在团队中共同的目标追求，然而班主任专业发展团队现有的培训机制尚不健全，无法满足团队成员个人提升的需要。同时，团队对班主任个人成长所提供的奖励机制不够系统，对班主任的促进作用和吸引力不足。

首先，班主任自身由于专业背景的限制，加入团队之初的专业化都处于较低水平，要想实现个人及团队对个人的期望，需要进行系统的培训，从专业化的角度帮助班主任建立知识体系，以此为支撑，班主任才能在该领域专业化地开展工作。目前看来，各个班主任专业化发展团队对班主任专业素质提升的培训还不够系统和全面。做得好的团队有定期的培训，但是培训的深度达不到专业化的要求。部分团队很少有专门的培训机会，这严重制约了个人和团队专业化的发展。

其次，班主任在付出努力之后，组织层面的奖励有限，缺乏对班主任专业化发展的吸引力。组织奖励需要建立系统的奖励机制，在科学、合理、有效地反映班主任努力程度差异的同时，要为激励班主任进一步努力提供保障。

最后，组织奖励对班主任个体缺乏吸引力的主要因素在于，当今的班主任队伍年轻化，80后班主任居多，也有90后的加入，他们价值观多元化，对事物的偏好程度不同，传统的"一刀切"式的奖励机制不能适应这些新的特点，团队要根据实际，以社会主义核心价值观为统领，调整、设计新的机制。

（三）学校支持不到位，团队发展受阻碍

期望理论不仅适用于团队中班主任个体的专业化发展，而且对整个团

队的发展也有借鉴意义。

学校对班主任专业化发展团队支持的不到位主要体现在两方面：一是经费支持不足。团队的运行基本靠负责人和成员自筹经费，学校层面支持力度不够，在一定程度上阻碍了团队开展建设活动的积极性和可能性。二是政策支持不到位。目前，有的高校已经在课题立项、培训交流等方面向班主任专业化发展团队倾斜，但长远来看，需要学校设立专门的班主任专业化发展团队建设相关的课题立项，促进每个班主任团队均衡发展，同时，为团队的建设提供办公场地、配套设备、培训基地和课程开设等相关支持，全力保障班主任专业化发展团队的持续发展。

六、班主任专业化发展团队建设

（一）坚持正确的价值导向

党的十八大以来，中国社会正经历着前所未有的深度改革，各项事业的发展面临着很多机遇和挑战。班主任专业化发展也是改革浪潮中的一个尝试和探索。在关键时期，不论是班主任个人还是团队整体，都必须坚持正确的价值导向，才能保证在改革遇到阻力和障碍的时候不背离党和国家的根本利益，始终为实现中华民族伟大复兴的中国梦而努力。

班主任专业化发展团队是提升班主任工作水平和专业能力的重要平台，"工欲善其事，必先利其器"，班主任的本职工作就是做好高校大学生的思想政治教育工作，这是实现个人专业化发展的基本目标。深入学习习近平系列重要讲话精神，弘扬社会主义核心价值观，将其作为正确的价值导向和行为准则。牢记这个根本，班主任专业化发展团队才能得到长远的发展，才能更好地服务大局。

（二）建立共同的团队目标

只有以建立共同愿景为目标的团队才能形成最大的合力，班主任专业化发展团队亦如此。组建班主任团队之后首先要解决的问题就是团队目标的确立，在此基础上，团队成员才可以在团队中各尽所能，实现优势互补。

团队目标的确立要考虑以下因素：第一，团队成员的知识结构差异。由于团队成员具有不同的专业背景，知识结构存在明显的差异，而理想的团队是具有梯队性的递进模式，因此要根据知识结构的差异，按照阶梯上升的模式建立目标，发挥每个成员的主动性。第二，学校对于团队发展的期望。这是决定团队取得绩效之后是否能得到组织奖励的关键因素，如果团队目标的确立偏离了学校办学的轨道，目标导向行为就会终止。

七、有效沟通是高校班主任团队的显著特征

在班主任团队里，由随机指定组合的小团队，共同高效完成教学管理任务不是一件轻松的事情。每个人都不一样，存在客观差异。因此在团队中意见不同，想法迥异，发生冲突是常态。以前我们总是强调要步调一致，统一思想，统一意志，统一行动。作为行动的原则和要求可以理解，可以倡导，但是实际上做到绝对一样是不可能的。那么，在团队中，成员接受差异，求同存异就需要进行充分沟通。

班主任团队有没有效率，有没有战斗力，与有效沟通密不可分。例如，成人煤矿职业安全技术技能培训班的指导下发文件中，往往会指定设计学习、研讨、观摩、考试和参观几个培训模块。异地办班，参加培训的学员的交通住宿安全、就餐环境卫生、参观路线、教师接送安排、班级学员考核资料整理等是班主任团队工作的重点。考核班主任团队工作绩效的两个核心指标，一是团队中成员是怎么沟通的，是否能有效地沟通；二是面对

不同意见怎样处理。沟通方式，双向沟通强调公开表达各人的意见和情感，双向沟通是良好的沟通方式，意见观点可以充分交流，彼此之间保持平等、自由、合作、温暖、亲切、接纳、开放、欣赏的团队氛围。单向沟通只表达意见而忽视或压抑情感表达，采取忽视、拒绝、避免或压抑争议和冲突，忽视和谐，通过威胁控制成员要求严格服从，团队绩效难以高效完成。无效沟通、沟而不通的团队是无效团队。这就像一个家庭，家庭也是团队，如果家庭成员有共同的目标，家庭气氛融洽，那么家庭成员身在其中就非常愉悦，身心健康。而有些家庭出现问题，有名无实，分崩离析，冲突频发，不能融洽地相处，这就对家庭成员的伤害很大，会令人有一种要逃离的强烈愿望。所以，成员间互相认可、赞美、欣赏，互相信任，互相关心是十分重要的。

班主任团队拥有一定的自主权，属于多功能型团队。学员年龄、性别、对培训班的认知程度，决定了其参加培训学习的态度。在异地办班中，班级学员的个性特点和来源不同，学员的要求和所提问题各式各样，需要班主任团队共同面对解决。如睡眠、温度光线、水土适应、教师授课吸引力、就餐菜品、学员生病、考察建议等问题，需要团队成员共同面对，积极寻找有效对策，在职权范围内的自己解决，超出职权范围的积极请示汇报，目标认识达成统一、言谈行为准则保持一致。

八、高校班主任做好管理工作的具体措施

新生入学教育是有效开展班主任工作的基础，对于班主任来说，能够凭借第一印象在学生中树立良好且值得信赖的形象；对于学生来说，能够在第一时间领会大学生活的基本情况与原则。高校班主任要提高对新生入学教育的重视程度，积极与学生们展开接触，建立起亦师亦友的良好关系，

了解每一位学生的性格特点，掌握每一位学生的基本家庭情况，对家庭条件比较困难的同学需要着重留意，公平地评定真正需要贫困助学帮助的学生名单。

一个好的管理体系首先应该是一个完整的管理体系，高校班主任需要在掌握学生性格特点及特长的基础之上，公平地进行班级干部的选拔工作，同时依据上级的相关制度，结合班级情况，积极听取学生意见，制定出一套具备有效性与可行性的班级管理措施及评价体系，让学生管理操作透明，有章可循，在公平公正的氛围下，建立起班级教育与管理的主旋律，营造良好的学风与班风。

俗话说："知己知彼，百战不殆。"对于高校班主任而言，在与学生群体的相处过程中，首先要对学生有整体的把握和了解，因此班主任需要走进班级，走进寝室，走进课堂，以积极开放的心态与学生们交流，建立平等的沟通关系。了解学生性格，掌握学生特长，熟悉学生行为、爱好与心态，积极组织班级活动，拉近学生与学生，学生与老师之间的关系，营造班级气氛，加强班级凝聚力，让学生与班主任之间建立起亦师亦友的平等关系，提高学生对于班主任的亲近感与信任感，这样才能在思想和行为上更加有效地影响与引导学生。

九、微信时代高校班主任工作的思考与创新

据调查，微信已经成为大学生获取信息、沟通交流的重要手段。微信的便捷性、开放性、互动性、群聚性、即时性等特点，使它应用在高校班级的管理和师生的交流方面具有独特优势，利用好微信这种新兴事物，对于我们了解学生学习生活、思想动态，进行班主任工作都有重要意义。

鉴于大学生活的分散化和个体化，传统的信息传达通常采用班主任到

学生干部，再到学生的模式。但根据信息传递的规律可以知道，这样不仅使得信息传递的准确性降低，而且速度明显变慢，更为关键的是班主任对第二环节无法控制，无法保证信息的传递率。学校可以按照学生的班级和院系等，建立一个学校的账户，然后由班主任负责，对学生的日常生活进行观察，对那些思想上有问题的学生，发现后及时对其进行思想教育。班主任还可以利用这个账户，通过微信上的联系方式和学生进行交谈，将传统面对面谈话的方式，变成文字和语音等方式，这样既能够完成思想教育工作的一些内容，新鲜的教学方式又能够吸引学生的注意力，增强思想政治教育的效果。

随着微信这样一种崭新的即时通信工具在高校中的普及，大学生接收信息的渠道增多、种类各异、层次不一，班主任对大学生进行思政教育的难度加大。班主任要主动转变工作模式，开辟大学生思想政治教育的新天地。这就要求班主任工作的方式方法与时俱进，不断学习、积极改变去适应不同时代学生的特点。只有这样，班主任才能了解学生所想所为，跟学生做到信息对称，及时发现学生存在的问题。

教育必须坚持以人为本，与管理相结合，把管理育人作为思想政治教育的关键，才能增强思想政治教育的渗透力和影响力。班主任如果被自身眼界和工作习惯左右，不愿尝试新鲜的网络工具，则不仅会使学生对班主任产生不了解自己的误会，甚至对班主任的能力产生怀疑，降低其教育过程中的威信。

高校班主任承担着对大学生的教育工作，大学生身心健康的发展对国家、社会的发展至关重要。高校班主任要能够积极接受新出现的事物，为大学生在虚拟环境中树立正确的人生观、价值观起引导作用。

（一）转变班主任工作模式

利用微信的强大功能，建立学院和班主任的微信公众号，将其发展成"广播台"和"宣传站"。可以通知活动、会议的时间地点，发布公告，也可以进行各种温馨提示和节日祝福，使其成为班主任开展思想政治教育工作的宣传站。

（二）通过对话与交流，发挥师生正能量

微信这一交流媒体，让师生交流零距离。通过微信的对话与交流，让老师和学生、学生和学生、老师和老师的交流成了最有效的及时交流，师生相互之间可以以最直接的方式面对问题和困惑，解决学习和生活难题。针对不同学生群体的特点，可以建立学生党员、学生干部、贫困生等分类好友微信群，利用"群聊"功能，对大学生关注的热门话题展开讨论。如此，班主任可以帮助解决一些大学生的实际困惑。

（三）大学生的网络道德意识的培养需要道德情感进行辅助

在网络中，大学生的道德情感对道德意识起主导作用。所以，班主任要注重培养大学生的网络情感，使大学生在网络虚拟环境下自觉管理自己。帮助学生正确认识网络世界，增强大学生的责任意识与网络道德意识，提高他们判别是非的能力，引导他们树立正确的人生观、价值观，同时认清网络虚拟性的特点，做到网上交友时刻保持高度警惕。

十、班级博客在高校班级管理中的应用

班级管理的好坏直接影响学校的教育质量并体现其管理水平。博客的

出现，为高校班级管理提供了一种新方式。在高校班级管理中，利用博客为学生构建一个全球化、数字化的空间，受到了越来越多的大学生的青睐。

班级博客作为一种新的班级管理方式，可以在一定程度上解决高校班级管理存在的问题，为学生和教师之间架设起一座沟通的桥梁，增强学生的责任感、集体荣誉感以及班级凝聚力。

（一）互动性

互动性是利用班级博客进行班级管理的一大特点，在博客上，学生之间、学生和教师之间都可以进行思想的交流和碰撞。每一个参与者都可以在博客上表达自己的观点，发表一些感兴趣的话题，在任何时候、任何地点学生都可以参与讨论，加深彼此的了解。而且这些讨论都会记录在博客上，供其他人查询和阅读，它有可能成为一个知识的精华区，在他人的博客上，学生可以直接学到知识，从而节省了查找知识的时间。

（二）开放性

利用班级博客进行高校班级管理是一种开放式的管理，在博客上，教师和学生，教育者和被教育者，管理者和被管理者的身份有所差别。在这里的管理者并不一定是教师，可以是班级中的任何一个学生，学生可以根据自己的兴趣爱好进行发表，表达最真实的自己。对于班级博客的管理和维护，每个人都可以参与，如风格的筛选、界面的布置、内容的充实等。

（三）自主性

相比传统的管理方式，利用班级博客进行管理可以集文字、声音、图形图像和影视于一体，给学生的网上班级活动带来无穷无尽的乐趣。利用博客进行班级管理比传统的班级管理更能吸引班级同学的参与，比制度约束更能发挥作用。博客从根本上改变传统管理的时空观念和师生角色观念，在博客上，班主任开展工作，受教育者是自由的，他们可以根据自己的实际情况去选择自己想要接受的教育内容，而不是由教育者指定或强迫他们去接受教育。因此，更容易调动学生接受教育的主动性，更容易发挥他们的能动作用，也有利于受教育者的个性发展。

（四）促进班务公开，增强班级凝聚力

班级博客，面向全班同学、任课教师、家长以及学校管理者，每个学生、家长、任课教师以及学校管理者都能清楚了解本班的最新动态。班主任可以将涉及班级的活动、行动计划、规章制度、奖惩制度等一系列信息上传至班级博客，学生只要登录班级博客，就可以及时获取最新信息，这可以避免信息传递的不及时和不到位。同时，这也方便家长和学校了解班级的相关情况，实现了家长和学校之间的沟通。此外，在制订某个规章或行动计划时，教师可以通过博客征求学生的意见，学生可以出谋划策，真正实现自主性。以前，习惯于沉默的绝大多数学生，在班级博客上，可以大胆建议，发挥自己的主体作用。在学生合理化建议的基础上，班主任及时将这些建议充实到班级管理中，这样更容易得到学生的支持和共鸣，便于学生遵守，增强班级凝聚力，也容易赢得家长的配合和支持。

（五）拓宽沟通渠道，营造互动环境

在传统的班级管理中，教师和学生面对面的交流虽然便于信息的传递，但也存在着教师过于权威，学生心理上过于紧张，从而不能表达自己真实想法的问题，增加了教师对学生进行教育管理的难度。但通过博客进行班级管理，网络的虚拟性缩小了师生之间的心理距离，因此学生可以畅所欲言。教师可以根据与学生在交流中发现的问题对症下药，帮助其解决问题。

同时，教师可以通过博客对学生灌输教育思想，培养其良好的行为习惯，还可以进行心理疏导。班级博客不仅给学生和教师提供了沟通的平台，也拓宽了学校与家长之间的互动渠道。进入大学后，学生和家长交流的时间越来越少，很多家长想要了解孩子，却苦于没有合适的渠道。班级博客在很大程度上解决了这个问题，只要登录班级博客，家长就可以了解孩子所在学校、所在班级以及孩子的最新动态。对于想要了解的情况也可以给班主任留言，在最短时间内得到满意的答复。

（六）建立班级数据库，提高管理效益

在班级博客上，可以建立班级数据库，包括教师数据库和学生数据库，具体内容包括各任课教师的基本情况、班主任情况、学生情况、班委会情况、班干部情况等。在班级管理中，学生平时的入党、评优、申请助学金等，经常会用到学生的许多材料，通过班级数据库，所有问题都迎刃而解。班级数据库涵盖了学生各学期的成绩、英语四六级通过情况、个人信息以及奖惩情况等。这些信息在平时的学习过程中，可以及时更新，需要时只要从班级数据库中调取就可以了，又准确又迅速，节省了大量时间和精力，提高了工作效率。对班主任而言，由于对学生的情况一目了然，工作起来更加得心应手。建立班级学生数据库使零散的学生信息变成一个整体，班主任在宏观调控上抓住了主动权，班级管理就不再是一句空话，而是真正落到了实处。对于学生而言，通过班级数据库，可以获取各任课教师的联系方式，在需要帮助的时候方便联系。同时，班主任设有定期的班主任公开日志，不仅可以在网上与学生进行交流，而且能经常鼓励学生发表对班级管理的意见与看法，且对学生的留言予以及时答复，以调动学生参与班级管理的积极性。与此同时，在班主任数据库栏目下应设立家长信箱，加强班主任与学生家长的交流，促进学生学习的自觉性。

第五节　高校新生班主任班级管理

大学新生在入学时，一方面，由于刚脱离高中时期的"高压"生活，对大学里的一切都觉得新鲜和好奇；另一方面，学习身份、环境等各方面的突然转换使得他们不能很好地适应，容易出现一些问题。班主任作为与新生关系最直接、最密切的引导者和教育者，肩负着使其快速融入大学生活、健康成长以及配合学校的各项教学教育任务顺利开展和完成的责任。班主任工作的有效与否，关系到整个班级和学校的学风，更与班级里的每个学生的成长成才密不可分。

一、高校新生普遍特点

1. 经历了高考的洗礼，作为天之骄子，在还未进入大学前就憧憬即将到来的大学生活，带着用整个假期绘制的蓝图进入大学校园，把一切都看作新鲜，对所有未知的事物充满了好奇，都想去尝试，都想去挑战。

2. 现在的大学生大多是独生子女，在家中对家人呼之即来、挥之即去的习惯往往带到学校生活中来，"我就是天下第一"的想法时常伴随左右，无论是竞选学生干部还是参加比赛，非得争个好名次回来不可，不然心中满是不舒服。

3. 大学平台多，舞台也多，可以展现自我的机会更多，无论是舞蹈比赛还是歌唱比赛，总想去凑个热闹，满足自己的表现欲望，获得别人的认可。

4. 一个班级或是一个宿舍，都由各地的同学组成，不同的生活环境、家庭和教育背景，养成了不同性格和素质，面对相同的问题，即使很小，都有可能争得面红耳赤；或是一个动作、一句不经意的话，都会触动对方的敏感区。

5.爱拼、爱赢、爱当老大，是处在青春期新生的特点，不顾及他人的感受，在自己获得愉悦感的同时，可能就伤了同学或室友的心。

6.世界上没有两片相同的树叶，也没有完全相同的两个人，独立的个体在面对其他同学的时候，会发现别人和自己的想法不一样。会因为谁是班群的管理员发生争执，也会因为洗衣粉被用了而大发雷霆，不知道如何同他人交流与沟通，觉得彼此之间有隔阂。

7.问题有大有小，在力所能及的时候会迎头而上，解决问题；遇到问题感到束手无策时，选择封闭自己，蜷缩在自己的小世界里，不与同学或老师沟通。或者会觉得别人总比自己强大，在和同学相处时缺乏自信，不敢走出去，一直生活在自己的世界里。

二、提高班主任自身素质，善于用人打造管理团队

首先，班主任自身专业应与所带班级归属专业匹配或相似。作为高校班主任，专业素质一定要过关，这样才能了解所带班级归属专业的性质、方向、学习内容、理论基础等，才能在学生遇到各种学习问题和疑难的时候，用专业的眼光指导他们，解除他们的困惑，也能从专业的角度分析就业形势与方向，进而有利于学生对职业生涯做出合理的规划。尤其是思想政治教育专业的新生，对于专业的性质，他们可能了解甚少，在开学伊始就有大批打算转专业的同学，这就需要班主任在第一时间为其进行专业解说，使其对自己现在的专业学习充满信心。

其次，班主任政治素养以及道德素质要过硬。科学的世界观和方法论

是创造性地开展学生工作，帮助学生树立正确的世界观、人生观、价值观的保证。对于思想政治教育专业的班主任来说，更是要在多个层面加强自身的政治素养，不断加强政治理论的学习，加强道德实践，这样才能为学生树立一面旗帜、形成一个榜样，才能做到理论与实践的结合。同时，班主任的言谈举止、思想品质水平、工作态度都会潜移默化地影响学生，因此，班主任要用踏实认真的工作作风、崇高的人格魅力、优秀的专业素养去影响学生，让学生明白，大学的学习，除了理论知识以外，更重要的是健全的人格和美好的品格。

再次，班主任要关注自身心理健康，提高心理健康修养。班主任的心理健康水平，在一定程度上影响学生的心理健康。班主任的乐观、积极、豁达、宽容等性格特点对学生的影响极大，对于一个新建立起来的班级更是如此。如果班主任总是以微笑示众，以包容的心看待学生，就易于创造比较轻松的班级氛围，学生情绪也相对稳定。

最后，大学班级管理必须考虑大学生独立自主的心智特点，尊重学生自我发展和自我教育的需要，鼓励他们通过参与班级管理来服务同学、锻炼自己。班干部是学生与班主任沟通的重要桥梁，是班级管理中的重要参与者，优秀的班干部不仅能够为班主任分担许多管理事务，还能为班级的良好发展起到推波助澜的正向作用。因此，班干部的选择尤为重要，特别是班长和团支书，他们承担着班级稳定发展的责任，不仅要学习好，能力强，更要品行端正，明白自己承担此任，并不是为了给自己谋任何福利，而是要全心全意地服务同学，在服务同学的过程中实现自己的价值。班主任要放心大胆地使用选拔出来的班干部，辨证地对待他们工作中的失误，积极引导，耐心指导，帮助他们在错误中总结经验、培养能力、增长才干。同时，班主任对班干部一定要高标准、严要求，绝不能对他们有任何偏袒，否则将不利于他们的成长，也有损其在同学中的形象和威严，进而增加班级管理的难度。另外，还要对班干部进行明确的分工，让其各司其职、各负其责、各尽所能，在遇到问题和困难时又能互通有无、互帮互助，形成一股合力，共同推动班级的发展。

三、加大感情投入，维护学生心理健康

从中学走出来的每一位大学新生所面临的都是全新的学习生活环境，他们的思想意识、生活习惯、学习方式都面临新的考验，新生班主任是新生实现顺利转换的重要依托，是其迅速适应大学生活的精神导师。相比较于学习上的引导，情感上的投入可能更能拉近与学生的距离，靠近彼此的心灵，从而让他们愉悦、积极地投入到大学生活。

首先，利用现代网络平台，做学生的知心朋友。通过 QQ 群、微信群，可以创建师生共议班级事务的平台，班级的荣誉、班级发展的目标、学校的新闻乃至学生个人的趣闻，师生都可以信息互传。这样的信息互传，可以让学生消除教师总是高高在上的传统观念，把教师当作班集体的一分子，敢于说真话，提意见。通过 QQ 空间、微信朋友圈的动态更新，师生之间互相关注，就彼此的说说发表评论与回复，可以增进彼此的感情，还可以真实、全面地了解彼此。又能架起沟通桥梁，实现一对一的心理疏导和人生指导，满足学生一定的精神需求。

其次，与学生家长保持联系。父母在一定程度上会对子女的认知水平和价值观念以及人生发展具有深刻的影响，这就需要班主任不但要时刻关注学生，还要与他们的父母保持沟通和联系，及时向其反馈学生在校的种

种表现，让他们通过了解到的信息，做出相应的行为反应，鼓励或者引导孩子朝着积极的人生方向前进。

最后，把常进寝室作为班主任工作的必修课。进入学生寝室不要走马观花地看一看，逛一逛，让学生觉得班主任是来监督和检查他们的，而是选择一个或两个寝室，与学生进行长达一两个小时的深入交谈。这种谈话比网络上的沟通更能发现一些问题，因为学生的眼神、神态以及细微的表情变化都能真实地反映他们内心的想法和态度，班主任捕捉这些信息可以掌握学生的心理变化、内心感受，有利于及时调整工作思路和方式，使班级管理工作顺利开展和进行。同时，这种人数不多的谈话，能给予学生被关注的满足感以及被信任的归属感，愿意与班主任分享自己的人生经历、心理路程、情感体验，这样就有助于班主任充分了解他们的心理特征、个性特点，从而在班级管理工作中做到有的放矢。另外，根据问卷，入学之前有 58% 的学生体验过寄宿生活，因此大部分学生能够适应大学的集体生活，能够了解集体宿舍生活过程中应该避免的问题和与人相处的技巧。但是仍有一部分学生没有体验过这种生活，刚来到学校会产生种种不适应，尤其是女生占据绝大多数的环境，容易产生问题。因此，班主任必须多去学生寝室走动，增加与他们之间的感情，及时了解他们的情况，避免一些不必要的问题。

班主任必须高度重视学生的心理健康状况，尤其是已经调查出有心理困扰和抑郁倾向的学生，他们更需要特别的关注，需要班主任及时深剖潜藏在他们内心深处，干扰其正常生活的原因，并适时对他们开展心理教育、情感教育，带领他们走出阴暗，面向光明。

班主任是班级的组织者、教育管理者，更应该是学生心灵的引路人，在班级管理工作中要时刻关注学生心理成长，维护学生心理健康，这样才能增加班级管理的有效性。要做到：第一，优化人际环境，营造交流氛围。努力营造班级良好的心理交流氛围，使每个成员的心情愉快、放松，都能积极投入到学习活动和班级生活当中。比如，开设主题班会，指导同学之间、朋友之间、异性之间的交流方法和技巧，倡导建立团结友爱的关系。再比如，组织团体活动，让学生在游戏和玩耍中建立友谊，增进感情。第二，设置适当目标，体验成功喜悦。不管是班级目标还是对于学生个人的要求，都是班主任对于他们的发展所表现的期望，具有很强的导向和刺激作用，一定要切合实际的设定，鼓励学生朝着目标慢慢努力，获得成功的体验，在体验中找回自信，活出自我。第三，开展团体辅导，重视个人辅导。通过以班级为单位的团体心理辅导活动来促进学生心理品质的发展，是提高班级心理健康教育的有效途径。只有活动才能调动学生主体参与的积极性，改变他们的意识和情绪状态，专注于辅导主题的展开，从而降低心理防御水平，更好地敞开自己的内心。个人心理辅导是班主任针对具体学生具体心理问题进行的，班主任要在师生互信和情感交融的基础上，选取不同的方式和技巧应运于个性互异的学生，用一把钥匙开启一把心灵的枷锁。第四，设立班级心理委员，收集学生心理信息。同龄人之间有较多的共同语言，容易沟通，且接触机会多，信息量丰富，设立心理委员，能够在同学中积极宣传心理健康和心理问题预防知识，还能及时发现存在心理问题的同学后向班主任汇报并协助解决。

四、以人为本，培养团队协作能力

以人为本的管理，就是在班级和学生管理过程中，以学生为主体，围绕着激发和调动学生的积极性、主动性和创造性展开的。这就需要把尊重学生、关心学生作为班级和学生管理活动的基本出发点，切忌"心罚"和"体罚"对学生身心所造成的伤害。在班级和学生管理过程中，要尊重学生的主体地位，以平等、尊重、对话的师生关系为前提，加强学生的思想品德教育。要体察学生的情感，重视学生的感受，重视情感教育的力量，做到晓之以理、动之以情。要主动、全面地从思想上、学习上、生活上等多方面去关心、爱护学生，尊重、信任学生，鼓励、表扬学生，以谦虚谨慎的态度，认真听取学生的不同意见，虚心采纳学生合理的建议，调动学生的积极性。同时要大力弘扬和培育民族精神，增强学生对国家、民族和社会的认同感、责任感和使命感，最终培养其"健全人格"。班主任的主要任务是做学生思想政治工作，了解学生的思想动态。由于班主任与大学生在文化程度、知识结构、社会阅历、生理年龄存在差异，因此班主任和学生之间容易产生隔阂。如果班主任不通过主观努力去消除与学生的这种隔阂，思想工作的效果就会大打折扣。

现代教育理论认为，要组织一个成功的班级，班主任首先要消除和学生之间由于客观原因所造成的隔阂，选择一些品学兼优、责任心强、乐意为同学服务的学生担任班级干部，进行教育和培养，使之成为同学的榜样，带动其他同学不断进取，形成正确的集体舆论和优良的班风。同时重视班级环境建设，让学生在良好的环境中受到感染、熏陶和潜移默化，以求达到润物细无声的作用。例如，在教室环境布置上，正前方张贴着诸如"积极向上，开拓进取""循续而渐进，熟读而精思"等大字，作为班级工作的总体目标。两边张贴有关班风建设的名人名言，比如"做人一定得知道自己的价值，并以此决定自己的行动""责任就是对自己所做的事情有一种爱"，等等。教室后面的墙报栏设班风建设专栏，激发和调动广大学生的参与性，以求形成良好的班级氛围。同时班主任要指导班干部积极开展有意义的、形式多样的班集体活动，陶冶学生的情操，如文艺晚会、体育竞赛、课外阅读、知识竞赛和公益活动等，通过这些活动加强同学之间的协作精神和团队意识，在班级中孕育团结友爱、积极向上的和谐氛围，使同学们的欢声笑语变成整个班级和谐的音符。

从社会发展的趋势来看，21 世纪不仅是一个不断竞争的时代，而且是一个交流与合作的时代。这就需要在班级和学生管理工作中，注重培养团队协作意识，发挥集体的力量。使学生了解和懂得合作能力将比竞争更重要，运用更广泛。在竞争日益激烈的社会中，有的人会迷失方向，而合作取胜、共同发展将成为社会发展的主流，也是创新精神培养的主要内容。如果我们的学生不懂得协作，不懂得沟通，就难以在今后的社会中立足和生存。因此，在班级和学生管理过程中，注重发展学生的团队意识，发展学生的人际交往意愿和能力，就显得尤其重要。团队协作意识的培养，关键在于班主任在平常的班级管理和教学工作中要注重沟通。它是班级的活动和统一起来的重要手段，要重视师生之间的沟通、学生之间的沟通，多开展集体活动，以此取得彼此的了解、信任。在此基础上，逐步使学生养成团队协作能力。

五、高校班主任需要扮演的角色

（一）家长或亲人角色

高校班主任虽然是教师，但也可以成为学生的朋友和可信赖的家人，更应该贴近学生的生活。离开家来到学校，有的可能是跨越了几个省份，对家的思念是难以想象的，不安的情绪和遥无可待的假期会让新生很难适应大学生活。班主任与学生距离最近，比较容易走进学生生活，能在最短的时间内了解并弄清楚学生的状况，以家长或亲人身份关心学生健康成长。

（二）引导者角色

班主任是班集体的组织者、教育者和引导者，是大学进行教育教学的有力助手。班主任有着学生生涯的经历，以过来者的身份，能够从学生的视角出发看待问题，明确学生在大学需要积累哪些方面的能力以适应社会发展需求。比如，卢小琴教师提出，班主任要成为学生专业发展上的引路人，多结合自身的专业知识和实例谈该专业的发展前景与要求，使学生对专业学习有信心、有兴趣、有计划，能安心、专心进行该专业课程的学习。也可以从综合素质发展角度进行引导，比如，英语过四、六级，参加学生社团组织，参加各类活动等，让学生的组织、协调、管理等能力得到提升，提高综合素质。

（三）服务者角色

高校新生初入大学对校园生活几乎一无所知，不论是生活还是学习，都是全新的、陌生的，邮局在哪、教室在哪、什么时间开始上下课等，各种问题都困扰着他们，作为班主任，需要尽全力地为他们服务，解决所有困扰新生的难题。从心理学刻板效应层面来讲，这是班主任给新生留下好印象的最好途径，为后面的工作打下良好的基础。

（四）管理者角色

班主任是所有管理者中职位最低、权力最小、任务最重的一个无私奉献的管理者。班主任在引导与服务的同时，需要加入管理的手段，从安全、纪律等方面约束学生的言行。例如，高校新生初入大学会异常激动，会利用各种空闲时间外出交友等，空间和环境的转移，会给新生带来潜在的危险，班主任需要提前灌输请销假制度，在新生离开学校前知道其未来几天的行踪，同时也让家长知悉去向。班主任要严格执行学校的规章制度，做好学生管理工作。

六、在班级管理中的角色定位和转换

（一）"朋友"

现在学生们的课程设置很多，学生每天在学校的时间往往要多于在家里的时间。这样就造成了学生和家长交流的时间有限。学校成了他们学习和交流的主要场所。教师应该和学生们平等交流，扮演朋友的角色。应该留心每一个学生的变化，发现和平时不一样的时候尤其要格外留意。一次上课中的走神，一句过激的言语，都有可能反映出学生近来的学习状况。教师应该从平时学习的细节中了解到学生们最近的学习生活情况。也许他在生活上碰到了一些不如意的事情，也许是因为和家人闹矛盾。教师应该从心理上去开导学生，循循善诱。既然教师在这个时候扮演的是一个朋友的角色，就应该真正站在学生朋友的立场上去想问题，帮助他。让他感觉到你们之间是平等的，你是真正站在他的立场上去考虑问题。有人说教师是学生的偶像，教师的一言一行都将会影响学生。教师的沟通也会让学生感觉到贴心，就像一个大姐姐或大哥哥一样关心自己。平时不愿意对家长说的秘密会愿意跟教师说，这份友谊也很难得。教师应该多读一些心理方面的书籍，了解谈话技巧，才能和学生更好地沟通。

（二）"慈母"

教师应该从心里热爱学生，热爱自己的事业。每个人都是教师的孩子，教师对每个学生的态度都应该是公平的，绝不能因为某个学生的成绩不好而忽视他。学生之间也会有争吵，教师绝不能以学生成绩的好坏来作为判断对错的标准。应该先弄清楚事情的原委，再进行批评教育，一视同仁。让他们知道我们是一个整体，不能因为个人的原因而影响班级的团结。走向社会之后同学之情、战友之情都是非常可贵的。教师应该让学生认识到自己的错误，这样做不仅可以培养学生的团结意识，也培养他们的包容之心。有一颗包容之心是很重要的，宽恕别人的错误自己的心也会豁然开朗。人们都喜欢大度的人，和这些人交往没有压力，还能感受到对方的真诚。教师应该培养学生宽阔的心胸、良好的心态。让他们学会和大家一起分享成果，也要勇于承担自己的责任。一个人心胸宽阔了才能广泛结交朋友，待人真诚才能结交到好朋友。教师应该给他们灌输一些做人的道理，扮演好"慈母"角色。

（三）"严父"

学生的成绩不好，除了自身的努力程度外，教师的教学管理也起着很大作用。教师一个人要扮演多个角色确实不是一件容易的事情，这需要多年的教学经验作为基础。在多年的教学过程中，教师应该总结出每一种学生类型，对各个类型的学生特点加以总结归类，有利于更好地教育学生。教师应该有严厉的一面，不能让学生们太浮躁。浮躁了就会骄傲，成绩就会下滑。在需要的时候教师要扮演好"严父"这一角色。对于成绩好的学生，要提醒他们戒骄戒躁；而对于成绩不好的学生要适时鼓励。教师要做到恩威并施，一手软，一手硬，相互配合，才能让学生们时刻保持一个良好的学习心态。对于学生的过错一定要及时纠正，不能纵容，这样才能使他们拥有一个健康的人格。

第三章 高校班主任培养、管理班干部研究

有良好的班干部集体，班主任的工作意图能很快得到贯彻和落实，班级各方面工作就能顺利开展。班干部的素养及其表现，直接影响到高校教育教学目标的实现，直接影响到班风学风的状况，直接影响到班主任能否抓好班级管理。

第一节 搭建优秀班级团队

高校班干部队伍是班级管理的核心力量，是班主任与同学之间的桥梁、纽带，对辅助班主任进行班级管理工作起到了重大作用。班级是高校管理体系中最基础的单位，是学校进行各项教学、管理工作的最终落脚点。大学生处于一个独立意识和个人自主意识较强的阶段，对于教师和班主任的生硬的知识教育具有抵抗情绪，班干部更具灵活性和亲切性的管理，更容易被同学接受。班干部是班级管理的核心力量，一个班级管理质量的好坏很大程度上取决于班干部的综合管理素质。培养一批优秀合格的班干部，是做好班级管理工作的关键。

一、任职班长需要的特质与义务

班长在班级的管理中有着非常重要、无可替代的作用。班长是一个班级的灵魂人物，一个班级的优劣很大程度上和一个班长有关，班长的形象、态度、能力、成绩等都会成为学生关注的焦点。是否尽职尽责、是否任劳任怨全心全意为班级同学服务、是否有能力做好应做的事情、是否得到班级同学的认可、是否能够带领大家在学习等各方面站在同年级其他班级的前列，成为考核一个班长是否称职的关键指标。班长是班级与外界沟通的关键人物，其他班级、组织或领导，很大程度上是通过了解班长来了解这个班级的。所以作为班长，一定要认识到自己职务的重要性，不能将自己与普通学生放在同一个标准上比较。班长如果本着服务的态度，勤恳钻研，一定能够在班级管理工作中做出成绩，使自己的班级成为同类班级中的佼佼者。

准备当选班长的人所具备的特质越多，越能胜任班长这个职位。以下是班长应具备的特质。

独立性：思考问题具有独立性，能独立做决定。

合作性：具备合作精神，懂得团队合作的重要性。

决断性：认准了目标，确定了方向，能够承担责任，可以力排众议做决定。

灵活性：处理问题灵活多变，能够在双方乃至多方矛盾中找到平衡点。

形象好：班长应具备良好的形象。

正直：为人要正直，争强好胜会使周围的人对你敬而远之。

出发点明确：应该明确班长是为班级服务的，而不是作威作福、享受特权的。

创新精神：没有开拓的创新精神、不思进取的人是很难做出成就，或者很难有突破。

持之以恒：作为班长，会面对很多事务，这些会牺牲很多个人时间，如果不能坚持，就不能带领班级走到其他班级前列。

走群众路线：好的班长一定是贴近学生，和学生打成一片的。

以上所列举并非全部。管理人是相当具有挑战性的工作，尤其是在不给任何报酬的情况下，如何调整好内心平衡，如何完善各方面，还需要任职者不断地探索和实践。

班长的责任与义务细分起来有很多，但归纳起来可以分为以下几点：保证班级正常运行；为班级争取更多的利益；鼓励同学积极发展自己并为其创造条件；关注并处理好问题学生、贫困学生的问题；协助并按照上级教师（班主任）的意图对班级进行管理；及时传达学校下发的相关文件及通知。

（一）保证班级正常运行

保证班级正常运行是指保证班级的课堂纪律、宿舍卫生良好，保证信息传达及时，保证班级有良好的学习氛围，保证班级例行的会议、活动等正常开展。

（二）为班级争取更多的利益

如大学设立的奖学金、助学金及由校方安排的社会实践等，一般有名额分配，但每个班有自己的特殊情况，如果真的确实有符合标准而且人数较多，班长可以适当向校方争取更多的名额等。

（三）鼓励同学积极发展自己并为其创造条件

班级中有些同学有特殊情况不能按时来上课或参加集体活动，这时候作为班长，不要只考虑到班级的出勤率等，只要情况属实，还是应该允许这些学生请假，作为学生干部，不应该阻止这些学生的自我发展，而要理解他们，并为他们积极发展自己创造条件。同时这些学生应在这个前提下保证期末考试不能落后于其他学生。

（四）关注并处理好问题学生、贫困学生的问题

每个班级都由各种各样的学生构成，作为班长应该及时地了解班级同学的情况，帮助他们改变自己，对于家庭困难学生在保密的前提下对其进行帮助，如申请助学金等。要动用手中各种资源及力量，真心地帮助这些同学，使他们尽快融入集体生活中。

（五）协助并按照上级教师（班主任）的意图对班级进行管理

班长受上级教师（班主任）的直接领导，而班级属于学校的正规建制单位，学校会对班级进行管理，班主任则代表学校委托班长代为管理班级。班长一方面要坚定地按照学校的方针政策来管理班级，另一方面要在学校大原则的前提下自主展开工作，完成学校制定的方针目标。如果在这个过程中遇到问题可以向校方请教或寻求帮助，但无论如何不能够脱离学校的方针进行管理。

（六）及时传达学校下发的相关文件及通知

作为班长需要对学校下发的通知以及文件进行准确无误的传达，并对信息的准确性、可靠性、时效性负责。

班长的日常工作较为繁杂，下面以一个学期为例向大家介绍班长的日常工作。以下工作并不一定均为班长亲自操作，一般委派分管委员负责操作。

开学伊始，指派学习委员负责组织学生搬书，并将课本及课程表分派至各学生手中。

指派宿舍委员开学前一天负责清点到校人员名单，联系未返校的学生询问原因并进行记录，将全班返校情况上报辅导教师。

根据上一学期数据对班级表现优秀的学生及学生干部进行表彰。

参考辅导教师意见，依据年度发展计划制订学习工作计划初稿，没有制订年度计划则先制订年度发展计划初稿。

召开班委会讨论学期（或年度）发展规划，经修改一致确认无误后公布并按计划执行。

如班委需要换届，则安排换届选举大会。

指派纪律委员及宿舍委员对课堂考勤、宿舍考勤、宿舍卫生及用电安全等进行记录。

开始记录班级工作日志。

有需要的情况下帮助任课教师选择学科代表。

由班长与团支书共同制定学期团日活动安排。

指派组织委员制定班级娱乐活动并做好时间规划。

传达学校下发的文件及通知。

为同学自习、辅导等申请教室。

负责制作材料，参加优秀班级等评比。

发动学生积极参加学校组织的各种大型比赛活动并加油助威。

指派宣传委员将班级里出现的好人好事、先进事迹等进行宣传。

指派生活委员对每次财务收支进行记账并保留单据，定期公布。

指派学习委员调查班级学生弱势科目，加强与弱势科目教师的联系，制定措施，降低学生挂科风险。

定期向辅导教师汇报班级情况。

期末根据班委工作情况制定班级学期工作总结，并在全班公示，同时上报辅导教师。

统计放假留校情况并做好假期学生人身及财物安全宣传。

作为班长，除了要将上述常规工作做好以外，也需要做一些额外的工作，如帮助辅导教师传送文件、帮助任课教师及科目代表搬送作业本，以及其他一些与班级工作没有直接联系的工作。这些工作不仅有利于加深与辅导教师之间的联系，更是尊重领导、尊重教师的一种体现。

二、班委会建设和管理

班委会是管理班级的组织，负责维护班级的正常运行并保证班级各项工作正常、有序地展开。班委会是服务型组织，班委会在班长领导下为班级服务。班委来源于学生，服务于学生、在工作过程中接受班级同学的监督，班级学生对班委工作拥有知情权。

大学中的班委会有着重要的意义，大学班级是开放式管理，管理组织是服务型组织，那么就注定区别于传统的一个班主任管理一个甚至几个班级的管理模式，需要采用在班长领导下的班委会服务班级的模式。班委会的管理者来自学生，对学生有更深的了解，制定措施也更容易站在学生的角度，能够切实解决同学所遇到的问题。

每一个班委所担任的角色不同，也使得每个班委拥有不同的权力。例如，纪律委员负责记录同学的考勤，并有权利对出勤情况不良的学生进行上报，可附带自己的意见，同时传达学校对其做出的惩处决定。生活委员负责根据班级规定在指定时间收取班费，并按规定进行支出。这些班委的权利和义务综合起来就构成了班委会的权利和义务。

（一）班委内部分工明确才能确保班级工作的顺利开展

班长：负责制订班级发展规划，进行期末总结，代表班级参加各种会议，传达通知，定期召开班委会、班会，督促各班委做好自己的工作，做好与辅导教师的沟通工作，代表班级参加各种评比（如有两个班长，则一个侧重班级内部管理，一个侧重对外交流沟通）。

团支部书记：负责班级的团支部工作，按时收取团费，协助班长对班级进行管理，与班级党支部一起培养班级学生的爱党、爱国精神，使更多学生积极向党组织靠拢。

学习委员：努力提高班级学生的成绩，联系任课教师索取资料并在每次考试前为班级学生印发考前复习资料。提前预防挂科，联系任课教师积极为挂科学生提供补考指导，想方设法使班级学生在各种国家级考试中取得好的成绩（如国家计算机等级考试、全国大学生英语等级考试等）。收集考证信息，尽自己的努力为班级学生在考证道路上指明方向。

纪律委员：保证班级正常的课堂出勤率，使课堂出勤率维持在一个较高的水平。对于一些学校组织的活动并要求各个班级派代表参加的，纪律委员还要保证班级学生参加的人数并进行记录，并在期末对支持学校活动的学生进行班级奖励。纪律委员还要保持与学校各级学生自律委员会的沟通，及时了解班级当前纪律情况，积极改进，使班级考勤情况位于年级前列。

生活委员：根据班级规定在指定时间收取班费，并按规定进行支出记录，使收支有账可查，一切支出凭票报销，并在一段时间内公布班费收支情况，做到班费使用透明化。

宣传委员：收集班级各种活动的资料及数据，根据收集到的材料定期制作海报进行班级主题宣传。同时协助组织委员安排班级活动。

组织委员：负责组织班级活动，包括策划、安排娱乐活动，组织参加学校活动等。

心理委员：大学生或多或少都存在一些心理问题，为了保证大学生的心理健康，为学生和教师之间搭起一座桥梁，大部分高校的班级都设有一名心理委员。

信息委员：主要负责班级信息方面的建设与保障工作，如班级 QQ 群的管理维护、班级网站的建设与维护等。同时信息委员还肩负着班级资料管理的任务，如班级的每次活动记录、班级每年的成绩表、各科目成绩的排名表等各种电子文件的存档都由信息委员承担，以便在需要班级资料的时候准确调用。信息委员可为班委，也可独立于班委会之外聘任。

班委会是连接学生与教师、学校之间的桥梁或纽带，班委会负责对班级进行管理，可以比较直接地了解到学生的要求以及其在学习、生活中遇到的困难。但班委会中的班委又来自学生中间，个别班委在个别时候难免做出一些类似以权谋私之类的事情，所以班长要以身作则，为班委树立一个榜样。同时要防止个别班委做出损害学校或班级学生利益的事情，还需要加强班级管理和监督，强调公平、公正、公开，不搞暗箱操作，使学生意见得到充分表达并受到重视，这样的班级学生才会团结一致，班委才能够有动力做好工作。

（二）班委工作监督体系

班委工作监督体系主要包括班委宣言、投诉电话、意见箱、问卷调查及网站留言等。

班委宣言是指每届班委上任前，可以拟订一份班委宣言书，由各班委签署后则生效，班委宣言签署后将公示在生活区及班级固定的教室等同学能经常看到的地方，这不仅可以有效地约束每个班委，也可以使班委会在班级学生面前产生良好的形象，也可以起到宣传效果。

投诉电话一般为班级的辅导教师电话，每个班级都有指定的教师进行管理。一般而言，班委会以及班长也是在该教师的指导下开展工作，所以班级学生投诉班长或投诉任何一般班委，甚至遇到其他困难，都可以通过投诉电话直接联系该教师，向其反映真实情况。

意见箱一般设立在学生宿舍区或班级固定的教室等地方，用来收集学生意见及学生投诉。意见箱一般由班长直接负责，班长定期检查并处理意见箱中的学生信函。由于使用意见箱进行投诉等比较隐蔽，所以效果很好。

问卷调查是指班委定期做班级问卷调查，这种无记名的调查问卷不但可以得到较为真实的意见，更可以得到很多学生的建议，是一种成本低、效率高、效果好的意见收集方法。

网站留言是比较便捷的方法，目前大多数大学生都配备了电脑，上网十分方便。而且大部分学校的网站也提供了在线留言系统，有问题的学生可以通过学校在线留言系统将问题直接反映给学校领导，但如果班级自己的网站，也可以开辟一个类似论坛的板块提供在线留言。

（三）优秀班委考核测评标准

在班级工作中，班委是非常辛苦的，它不同于社会劳动，具有物质报酬，除少数个别班级及院校可能设立优秀班委奖外，大部分学校对班委是没有物质奖励的。前面已经说过，大学是从学生到社会人的转变，在这个转变过程中，一定会有一部分人开始追逐利益，所以从利益角度来讲，适当地激励班委，这可以使整个班委工作效率提高。

在没有能力对优秀班委进行物质奖励的情况下，精神奖励变得尤为重要。精神奖励是指荣誉类奖励，如颁发奖状、证书等以表彰优秀的班委。颁发奖状证书不但有利于激励在职班委做好工作，也可以激发其他学生的竞争意识，并通过自己的努力获得这一荣誉。

凡事过犹不及，颁发奖状证书需要注意不要过度，即保持一定的颁发比例，这种优中选优的办法有助于刺激班委会整体的工作效率。优秀班委可一学期评比一次，也可以一学年度评比一次，这要由班委决定，一般评比周期与一届班委的任期大体相同。具体颁发比例根据班委实际情况决定，但一旦确定，就不可随意更改名额，一般为班委总人数的 30%～40%，也可根据具体条件而定，灵活处理。

班委考核测评标准的设立应将班委的工作情况与其自身学习情况、班级学生的支持度相综合。

三、班级管理和发展规划

（一）建设什么样的班级——班级发展规划的意义

大到国家、小到企业，甚至是一个项目，都有自己的发展规划。班级虽小，但也需要发展规划。大学里的生活深深影响着每一个即将走向社会的学生未来的发展，班级管理在一定程度上就更需要有细致、成熟、可行性高的规划。作为班级的管理者，如何规划班级的发展，如何使班级学生理想更坚定、知识更扎实、生活更多彩、经验更丰富，都是班级管理者不可回避的问题。

（二）怎么样建设班级——班级年度发展规划

本科、专科人才培养的时间不同，目前国内大体上本科学制为四年，专科学制为三年，个别学校可能也有例外。作为班级管理者，应该在班级刚形成的时候做好班级未来的发展规划，即明确在大学的几年中，每学年度应该把哪个工作放在首位。

一般来讲，大学一年级应重视学生团结。如通过多次活动营造班级内和谐的气氛，使学生对学习有足够的重视，加强学生遵守校规校纪的意识等。大学二年级应把班级工作重点放在如何引导学生更好的学习，树立集体内的竞争意识。大学三年级应使学生逐渐了解社会、接触社会，让学生能够感觉到自己所学的知识在当今社会中的应用方向，积极鼓励部分学生尝试着走向社会，同时也应与外部企业等建立良好的关系，提前为班级学生提供实习等实践活动，更可以在双方自愿的前提下提前"销售"优秀学生给合作关系良好的企业，为即将毕业的学生提前寻找出路。总之一定要为班级学生正式走进社会做好前期工作。大学四年级应使学生有更高的自主性，让学生独立闯荡，这也符合一般学校的原则，应尽量减少学校内的活动，尽量不占用学生的时间，使学生能够更好地融入社会。对于一些学生实习中出现的问题，应尽量进行指导，如让学生了解《中华人民共和国劳动法》、如何进行个人维权以及辨别就业招聘陷阱等，争取做到人人都懂，人人能鉴别。同时还要做好记录工作，注意保持毕业后班级学生间的联系，这样更有利于了解学生日后的发展，维系同学感情。

每个地区、每个学校甚至每个班级都有自己不同的情况，以上介绍仅供参考。同时应注意到，如果对班级以及班级管理工作不熟悉，可能管理者不会在短期内做出如此全面、细致的规划。但只要本着发展的思路，班级管理者将逐渐了解这一个过程，并将更有利于班级发展的规划。

（三）班级的规章制度

没有规矩，不成方圆，每个班级都应当有自己的规章制度，这不但体现了班委的工作能力，更加体现了一个班级的精神风貌和自律情况，也标志着一个班级发展的成熟程度。班级规章制度一般包括班级公约、班级优秀学生评比方案等，好的规章制度不但可以创造良好的学习环境，使更多的学生讲文明、有素质，更有利于激励学生自我发展。所以规章制度是一个大家共同遵守的守则，并非是压制学生、打消学生积极性的条文。班委要带头先遵守这些规则，才有信服力，学生才愿意去遵守，如果班委自身都没有做到，那其他学生就自然不会去遵守它。

（四）优秀学生、团员、宿舍卫生评比规则及评比方案

好的奖励方法往往会使学生向着一个目标努力，无论在学习还是比赛中都可以起到很好的效果。班级制定优秀学生、团员及宿舍评比制度，可以奖励班级中优秀的学生，使他们更加努力，同时也将刺激落后的学生朝向这个目标努力。这不但有利于班级管理，更有利于学生的发展。

优秀学生评比是为了在班级内部表彰那些学习好、积极参加活动、为学校及学生工作做出突出贡献的学生，但应侧重于学习方面。

优秀团员是为了表彰那些积极向党组织靠拢，处处以自身的模范行为带头的学生，优秀团员更侧重于学生的综合素质。

宿舍卫生评比是为了使学生养成干净、卫生、规律的生活习惯，同时

这也将保证学校宿舍不会轻易遭到污染和损坏，有利于学校宿舍的持久使用。

学生奖励的规则设置应当本着公平、公正、公开的原则，禁止设立虚假内容欺骗外界，这不但损害了班级自身形象，更不利于班级学生的管理。每个班级情况不同，所以设立哪些奖项，评比标准是什么，如何奖励等都应该根据实际情况来决定，照搬照抄不一定适合实际情况，还有可能弄巧成拙。

（五）班级学习

对于班级工作中的学习部分，负责班委应当保证能够及时获得最新信息并把握好日常考试、考证、计算机等级考试、英语等级考试、各类讲座等五大类工作。

日常考试部分针对的是学生在校所学的专业课。学习委员应当经常与任课教师联系并定期对学生进行调查，收集学生哪门功课学得不好，哪门有可能在期末考试中出现问题等信息，收集学生对这些课程的疑问以及对教师教学的意见，及时将意见转达给任课教师并与教师共同完成指导与答疑，考试之前联系教师为学生安排答疑辅导时间等，想尽一切办法降低学生期末不及格率。

针对目前人才多元发展的状况，大多数学生会选择与自己专业相关或不相关的第二专业，也选择考取一些如会计师、财税师、药剂师、报关员、人力资源规划师等方面的证书。学习委员应咨询一下相关教师的意见，及时收集与本专业相关的考证信息，在适合的时候详细介绍给学生，使学生能够及时了解这些信息，自主选择，增强学生的竞争力。

部分学校要求毕业前要通过计算机等级考试。针对计算机等级考试的知识，除学校规定的课程及辅导之外，学习委员应尽早联系更多的资源为学生增加计算机等级考试的知识，以帮助更多的人通过计算机等级考试。

和计算机等级考试一样，很多学校要求学生必须通过英语等级考试，很多学生用尽一切办法、尝试诸多努力，终究还是前功尽弃。为了避免这种现象，学习委员应当在整个大学期间不断强调英语等级考试的紧迫性和必要性，班委尽量在学校安排之外自主邀请教师强化本班英语，争取尽早通过。

（六）班级纪律

班级纪律包括课堂出勤、考试纪律、宿舍纪律、活动出勤等四大方面内容。良好的班级纪律作为班级学生必须遵守的纪律，不但能够保证有一个良好的学习环境，有利于学生的学习，更是日后班级工作顺利开展的保证。

课堂出勤一般按照学校的要求执行，例如，晨读几点到，迟到及缺席应当如何处理等，纪律委员只需要按照学校要求执行即可。但有时部分班级并不能达到学校要求，应当采取一些特殊的方法来处理，例如，在学校要求的基础上，相应班级应制定一套更加严格的纪律要求，同时应要求任课教师记录出勤情况并算入平时成绩，最后算入期末成绩中，以此惩戒不能严格遵守规定的学生。考试纪律学校均有严格的规定。

宿舍纪律是指学生在宿舍区的纪律。学生在宿舍时间相对较多，所以一个好的休息环境对学生有着很大影响。学生宿舍一般有专门的教工负责管理，但毕竟人数较多，专职教工难以及时发现问题，教师流动管理，所以诸如学生是否按时归宿、晚间是否按时熄灯、宿舍卫生是否按时清扫、出现特殊情况是否能够冷静沉着不至于出现骚乱等都难以及时发现并处理，所以班级一定要有一套宿舍规定，并对规定内容进行讲解。

（七）宿舍卫生

宿舍是学生生活休息的地方，学生在校的相当一部分时间是在宿舍中度过的，保持良好的宿舍卫生不但有利于有效地保护公共设施的，使宿舍使用寿命更长，也更有利于使学生养成定期清扫卫生的好习惯，为学生的学习与生活提供一个清洁干净的环境。

大部分学校一般均有专门的清洁人员打扫宿舍走廊的卫生。但对于宿舍里门窗的清洁、地面的清洁、物品的摆放、衣服的悬挂、浴室地面及墙壁的清洁等均需要由学生自己处理，学校可制定宿舍卫生评比办法及标准，对宿舍卫生进行监督。

定期清洁宿舍卫生一定要在学生大学一年级开始时实行，并一定由宿舍委员坚持贯彻，引起学生的重视，学生将逐渐养成这种定期清洁居所的习惯。

（八）学生人身安全

学生人身安全大体可分为校内安全与校外安全。校内安全是指学生在学校内的安全。校外安全是学生在学校以外遇到的安全状况，包括周边道路安全，活动安全等。

大学生离家在外，除了正常的休息和上课在学校，其他时间如课余、寒暑假、国家法定假日等大部分时间都将离开学校，为了增强学生的自我保护意识，明确出现问题时的责任关系，在校期间班级应提醒学生注意假期安全并组织学生签署假期安全协议书，更要在平时多注意宣传遇到危险情况下正确的自我保护方法，争取使班级学生都能够懂得自救的方法。例如，可邀请消防队到学校为班级学生现场演示如何正确使用消防器材灭火，或邀请公安局相关人员为班级学生讲解遇到一般的诈骗、偷盗、抢劫等犯罪行为应采取什么措施。这些方法都能避免班委讲解的枯燥，可以增加学生的兴趣与理解，有利于学生遇到危险时展开自救。

（九）班级娱乐活动

班级娱乐活动可以丰富班级学生的生活，增强班级学生的集体归属感，有利于学生之间建立良好的关系。定期举办班级活动，如一学期两次或三次，对班级的发展有着不可忽视的重要作用。

班级活动有集体出游、体育比赛、电脑游戏竞技比赛、晚会等多种形式，每种活动产生的效果不同，所起到的作用也不同。班级负责人要了解每种活动适合在什么时候举行，能达到什么样的效果，要懂得利用班级活动来化解班级矛盾。

集体出游指的是旅游活动，如异地游玩，可选择风景名胜，带领学生感受大自然景观，或做一些户外拓展活动；也可选择机动游戏，找一些附近的游乐场以及主题公园等；还可以选择露营，安排一些游戏及奖品等。集体出游可以增强班级学生的集体归属感，增进互相了解，比较适合班级刚形成时学生间的交流以及学生学习疲惫时期放松心情。决定出游之前应做好问卷调查，列出一些候选地点以及每个地点的简单介绍，不可以给学生太多的选择，否则意见分散后很难集中，一般 2 ~ 3 个候选地点为宜。出行前一定要告知辅导教师，并注意学生安全问题。此类活动的花费应接近班级学生能接受的限度，否则将导致参加人数太少以致失败。在确定活动地后应当由班费出资，组织委员及文娱委员共同前往活动地实地考察，制定路线，核算价格，确保安全，做好准备工作。

体育比赛与集体出游活动不同，体育比赛不需要很多时间来做准备工作，只需要先通过问卷调查确定学生希望举办什么样的比赛项目，然后视具体情况决定是否能够举行该比赛，何时比赛，在哪比赛，比赛如何分组以及准备工作如何划分。如羽毛球、篮球、乒乓球、踢毽子等都是非常容易实施的体育比赛，以宿舍为单位或自由组合比赛，通过对抗的形式，使学生在紧张的学习气氛中暂时放松身心，锻炼身体，养成爱好运动的好习惯。

电脑游戏在大学中受到广泛的欢迎，尤其是男同学，无论是单机游戏还是互联网游戏，每个学生都有自己的喜好。电脑游戏竞技比赛实施起来非常简单，只需要在游戏的选择、规则的制定以及人员的安排上花些时间即可实行。电脑游戏竞技比赛应该选择学生喜欢并且容易分出胜负的游戏，比赛在宿舍里即可进行，无须多余的场地，真正的省时、省力、省钱。举办电脑游戏竞技比赛要选好时间，当学生对电脑游戏产生浓厚兴趣后再实行，相信会受到极大的欢迎。但是电脑游戏的风靡是一个普遍现象，学生管理者不要因为众多学生对其着迷就对电脑游戏持反对意见，相反要加以引导和利用，使其产生好的影响。

晚会是大学生庆祝节日、释放压抑、调节心情的好选择。举办晚会可以使班级气氛达到高潮，好的班级晚会能使学生心里产生满足感。举办班级晚会一定要选择一些与学生比较感兴趣的节日举办，如圣诞晚会等。另外晚会不能频繁举办，每年一到两次最好，晚会内容一定要多加入一些互动的环节，多一些学生喜欢的节目，如模仿秀、现场演奏、街舞、RAP等，具体节目可以参考一些国内的娱乐电视节目。

（十）民意调查

每个班级都有一些不和谐的意见，为班级决策带来了一定的困难，常常使班级的决策者左右为难。民意调查可以使决策变得科学合理、简单且能够体现尊重民意，最终受到大多数学生的欢迎。民意调查可采用问卷调查、采访调查、网站留言征集、意见收集箱等多种方式。

问卷调查是最常用的调查方法，可以及时获取真实的信息。班长将班级下一步计划要开展的活动或事情向班级学生征询意见，如有没有必要搞英语模拟测试，测试定在晚上还是下午，班级野炊去哪里等这些比较细致的问题都可以放在问卷里列出来供学生选择。设计班级调查问卷是问卷调查中比较简单的一种，设计问卷时一定要注意问卷中的选择部分要多于笔答部分，所列问题前后要按逻辑思维顺序排列，不要东一笔西一画，并且一般均采用无记名投票。只要能够获取需要掌握的信息即可。问卷可中午发到各个宿舍，上面写清楚晚上几点会有人回收，这样就会督促学生尽快完成这份调查。

采访调查使用不多，采访调查一般采取随机抽样的方式面对面地交谈，这种方式获取的信息往往不够真实，但是可以使得采访对象重视该问题，所以这种方式一般适用于班长或纪律委员对经常旷课、不能按时完成作业的学生进行交流。如果用在调查学生意见上往往会流于形式。

网络是一个言论相对自由一些的世界，网站留言可以体现学生的意见，但是网站留言的前提是班级要有自己的网站，网站是班级学生公认的交流平台，网站要有自己的留言区或论坛，这时才有实现网站留言的可能。但也正是网络的随意性，使得通过这种方法收集来的信息杂乱、夸大甚至是虚假的。但是通过网站留言系统，还是可以及时地了解班级动态的，这也有助于班级管理者更好地管理班级。

意见收集箱是指有条件的班级可以在宿舍设立一个班级学生意见收集信箱，由班长或者特定的学生每天查看，有些学生遇到困难或者对班委有不满意的地方，又没有地方可以匿名投诉的时候会选择这种方式，类似于政府的信访部门接收匿名信的方式，这也是班级民主的一种体现。

（十一）班级工作透明化

班委工作需要班级全体学生的监督，诸如奖学金分配有没有内定、评比优秀是不是靠关系、班级旅游后剩下的钱用到哪里去了、班费都花到什么地方去了等，这些问题不但关系到学生的知情权，也关系到学生对班委的信任程度。所以班级工作的定期汇报就显得至关重要，很多班长没有这个汇报的习惯，领导不问不说，学生不要求不讲，这样是不对的。

作为班级的负责人，班长必须对自己的领导，即对班级的辅导教师进行定期工作汇报，如一个星期一次对领导的汇报，介绍一下这个星期班级的学习情况、纪律情况、问题学生的情况，等等。对领导汇报的同时还必须对班级学生进行汇报，但是不可以太频繁，基本每一个学期或半个学期开班会的时候大体汇报一下就可以，内容一般为班级在这个时间段内的工作成就、班级的班费支出情况、班级的纪律情况、评奖评优情况以及未来一段时间内班级会举办什么活动，等等。

每个学年开学时，各个班级都会对学生征收一定的班费来维持班级管理的正常开展。班费的使用要坚持一个原则：取之于学生，用之于学生，该用的必须用，不该用的一分不用，禁止少数学生利用班费吃回扣，铺张浪费。

班费钱虽少，却关系着学生的感情，试想如果班级学生知道了他们每年交的班费被小部分班委私自挪用，学生们会做何感想，这一定会破坏班级的和谐。所以正规有序的班级一定要建立班级财务收支的透明化，一定要每隔一段时间将班费的收支情况让所有学生都知道，并做到"报销有凭据，无票拒不报"。生活委员在掌管班费的同时应将每个支出款项都详细记录，时间、地点、用途、金额、备注等一样都不应少。

班委虽说花班费是为班级办事情，但也应当注意这些细节，养成良好的习惯，不要花完就算了，国家每年也都要对纳税人的钱的流向做一个交代，何况是班级，所以一定要从一开始就做好班级的财务收支记录，做到随时可查、查有票依的透明化。

（十二）班级信息平台的搭建

信息传达是否及时、准确无误，影响着正常的教学，也影响着每个学生的生活。班委要做好信息传达工作，保障学校以及班级发布的信息能够及时地传达到每个学生。但是大学上课比较分散，有的时候一个班的学生不在一起上课或不在同一时间上课，甚至是放假时发布的信息都不能及时通知到每个学生。那么如何才能在任何时候都能迅速将信息传达给每一个学生呢？这就需要建立一个信息传送平台。信息传送平台主要包括班级信息公告板、开设班级 QQ 群、组织建立班级网站、开通班级意见箱四个主要内容。

设立信息发布公告板可以基本解决信息传达的问题，在学生宿舍中间的墙上或者上下楼的必经之地悬挂一块小黑板，有新的通知可立刻写上去，这可以较好地使进出的学生都能够获知信息的内容。

也可以通过班级 QQ 群来公布通知。对于大学生而言，QQ 群是发布通知最快捷的方式了，通过群的公告栏发布信息，可以使信息存留，不会使消息转瞬即逝。

有条件的班级也可以自行组织学生建立自己班级的网站。网站主要用途为学生之间的交流，即毕业前在校与毕业后离校这两个时间段的交流。

在班级网站主页设置滚动公告,学生登录该网站就会看到新的公告信息。更重要的在于它可以收集班级成员共同经历的美好回忆,即使毕业后大家各奔东西,还能有一个大学同学的相聚之处。

开设意见箱目的是收集学生意见,是班级信息平台组成的一部分,参见民意调查中提到过的意见箱,这里不做过多的说明。

(十三)班级选举、聘用

班级选举是班级的班委换届时所必经的一个程序,是选出新一届的班级干部代替旧一届的班级干部的程序。

班级的班委会一般而言每个学年将换届一次,换届采取的形式也不一样,大体可以分为两种。第一种为全部重新选举,即所有职位全部重新选举,能者胜任,这种选举变动较大,一般不会采取这种选举。第二种为局部选举,即工作没有纰漏的、自己没有提出申请退出的班委原职留任,对于提出申请退出的班级干部以及工作出现纰漏、学生意见较大的班级干部需要在换届选举中重新选举产生。

对于选举中出现的空缺职位以及关键的职位如班长等,这种情况下班级辅导教师可以采用聘任制度,以班级的名义聘任其担任班长或该空缺职位的角色。这种属于特殊情况,可以不颁发证书而改为颁发聘书,甚至班级正常运行中如果要临时增加一个为班级服务的职位,这时也应该颁发聘书,除非班级将这个职位纳入正常的班委制度中。

(十四)班级外联

大学中每个学生会都有自己的外联组织,一般称为外联部。外联部的工作内容是与校外各企业探寻合作。发展成熟的班级也应设立外联组织,但不一定为外联部，由于班级规模较小，可以称其为外联组。

班级的外联组与学校中的外联部不同。学校中的外联部是与企业商谈赞助校园活动为主。班级外联组不但要与企业商谈小规模的班级活动赞助，更加担负着联系企业为班级学生提供实习、就业、参观交流、聘请专家联系专业讲座等工作。

每个班级都有一个成长的过程，每个过程中学校、学生、班级管理者所关注的问题也不完全相同。临近毕业前一年，学生比较在意考取各种资格证书以及寻找实习的机会，这个时候学校还没有为学生安排实习以及就业知识讲座等一系列毕业前的准备工作。这时班级学习委员就担负着为班级学生寻找考取职业资格证书的相关资料的任务，而班级外联则应该为学生多联系一些企业进行参观交流，并争取为学生在假期联系一些职位的实习工作，以便尽早使更多学生得到锻炼。

班级外联的开展比较灵活，而最终目的是为班级学生获取校外资源，使学生得到长足发展，弥补学校在此方面的不足。只要朝着这个目标努力，就一定会对学生的发展有所帮助。

（十五）学生实习就业

前面一节提到了班级的外联组与学生的实习、就业的关系，这里把实习就业单独拿出来探讨是希望使班长和各位班级干部明白：学生的就业是班级工作后期的重中之重。

学校培养学生的目的之一是提升学生就业率，从而增加以后招生的数量，提高学校的知名度。学生也希望尽快找到自己满意的工作。所以班级管理工作应该提前将学生的实习与就业纳入工作计划并为之努力。只要将班级的外联工作、学校的就业前指导以及学生自身的努力与学生的就业实习相联系，将班级工作重点真正转移到学生就业，就一定能够使本班级的就业情况较其他班级有更多的成果。

同时临近毕业，大部分学生都在为自己的就业思考，这时班级干部是否能够一如既往地以班级学生的利益为先，是很难控制的。但是通过从事与企业联系，必定能使从事此工作的人获得较一般学生优先的机会。这些都需要班长来统筹，争取做到班级学生就业与班委（外联）就业两不耽误。

（十六）建立专业化协会

大学中有各种各样的协会，涉及的方面也是五花八门。班级组织一个与本专业相同的协会有利于本专业的发展，如电子商务专业的班级，有能力的情况下可以申请成立该校的电子商务协会，邀请相关教师担任指导教师，并邀请资深教授及学校领导等为名誉会长。

与本专业相关的教师可以为协会发展提供技术支持与指导，资深教授及学校领导等可以为协会提供更多的校内及社会资源，这都有利于协会的长远发展。待本届学生毕业后，该协会将作为一笔财富一级一级地传承下去并不断发展，也将有助于本专业学生对专业知识的学习与应用。

（十七）突发事件

突发事件在大学中并不常见，但是一旦发生就将产生较大的影响，比如突然停电、地震、火灾，等等；这些事件不可事先预测，事先也不一定会有所征兆，突发事件考验着班级管理者在紧急情况下处理问题的能力。

处理突发事件要遵循以下原则：

临危不乱，稳定人心：遇到突发重大事件，领导者首先不能乱，其次是稳定人心，有序地制定对策并快速实施，及时上报情况，请有关部门及领导快速决断。

生命第一的原则：遇到危及生命的突发事件时，一定要以保障生命第一的原则尽快实施救助，一切都要以救援为中心开展。

顾全大局：作为班级领导者，遇到突发事件一定要沉着应对，顾全大局，千万不可出现靠关系优先的事情。

24 小时开机：班长作为班级主要负责人，要时刻保持通信的畅通，不能因任何借口而导致电话不通畅，如果有紧急事件发生而由于电话无法接通，没有及时收到通知而酿成重大事故损失，班长除失职外还负有重大责任。

懂得通信的重要性，懂得躲避、逃生等知识，这就需要在平时的学习生活中对班级学生进行安全教育。

遇到紧急突发事件时，班级干部一定要保持冷静的头脑，有序地组织人员撤离或躲避，要发挥学生干部的带头作用，党员要保持党员的先进性，一切以人民利益为重。

第二节　班主任班级管理中的学生干部培养

高校的班主任在学生管理工作中具有十分重要的作用，而在高校学生的管理中，高校班主任面向的对象是广大的学生，工作开展的难度可想而知，这就需要充分发挥学生干部的作用，通过学生干部了解学生的现状、心理困惑与生活、学习困难，切实做好学生利益的维护，为学生营造一个良好的学习环境与学习氛围。而学生干部工作的开展更多的是通过自己的威信与说服力进行，因为学生干部没有实权，是一种非强制的无形管理力量，只有树立了威信才能保证学生信服，才能推动学生工作的开展。随着高校教育工作改革的不断深化，大学生进行自主管理已经成为高校创新服务育人工作的重要内容之一。学生干部扮演了受教育者、自我管理者与服务者的多重角色，其在日常的班级管理、各个学生组织管理过程中发挥了至关重要的作用与意义。

一、大学生班主任班干部团队管理的意义

当前，大部分高校班主任队伍比较匮乏，且不少班主任身兼数职，加上所带的学生人数众多，学生宿舍分布不集中，难以抽出时间对学生进行"一对一"辅导。每个学生都是具有独特个性的个体，对于心理咨询、思想教育、学习管理、职业生涯规划和就业指导的需求也不一样，具有接受个性化辅导的需求。为了做好班级建设工作，为了迎合学生的教育需求，迫切需要培养一支综合素质较强、工作能力突出、心理素质过硬的优秀班干部队伍作为班主任和学校的"小代言人"，分担班主任的工作压力，辅助班主任的班级管理工作，从而提高班主任的办事效率。

高校班干部队伍是班级管理的核心力量，是班主任与同学之间连接的桥梁、纽带，为辅助班主任进行班级管理工作起到了重大作用。主要表现在：（1）榜样示范。班干部都是由班主任推荐或班上同学投票选举出来的优秀学生，在同学之间具有一定的威信。班干部一般具有较强的自控能力和上进意识，在学习、生活、工作方面处处严于律己，率先示范。（2）信息传递。班干部是同学和班主任的"中间人"，是加强班主任、学校和同学之间"双向交流"的重要一环，班干部将学校的重要决策、重大事件对班上同学进行宣传，同时将班上同学的思想动态、学习情况、意

见建议及时反馈给班主任和学校，做到信息的上通下达。（3）党团组织。班干部一般在思想上保持先进性，经常组织全班同学学习党的路线、方针和政策，学习邓小平理论和"三个代表"重要思想，学习党和政府颁布的最新纲领性文件、决议、政策等，并积极开展班级精神文明教育、形势政策教育、集体主义和爱国主义教育活动。

二、学生干部培养现状

高校学生干部在进行思想政治教育的过程中，是学习者、管理者、服务者等多重角色的扮演者，是教师的小助手，是同学们学习的对象，在一定程度上学生干部组织、沟通、协调等能力与无私的奉献精神决定了一个班级、团队的团结、和谐程度，以及具有较强凝聚力的精神风貌。大学是社会的一部分，由于受到社会上一些不良风气的影响，部分学生会、学生社团、班级的干部自律意识较为淡薄，忘记了竞选该职位时的竞选誓言与职责。在同学中形成了小团体主义，有时会有拉帮结派的现象，影响到了同学之间和谐相处。在组织活动的过程中，同学们在参与活动时，始终会以每个小团体为中心交流、互动，影响到了班级凝聚力与向心力的形成。

做学生干部是一个为大家奉献、付出、服务的选择，既然做出了承诺，就应该时刻记着竞选时的职责与要求，在日常的工作与服务过程中，以严格的标准要求自己，做好本职工作，履行好自己的职责，全心全意为同学服务。实践中，部分学生干部参加竞选的最初目的存在一定问题，不是为了对班级、团组织的建设发展考虑，而是为了获取一定的利益，在参评奖学金过程中获得更高的加分，评选优秀时得到相应的荣誉。而在组织活动为大家服务的过程中则会推诿责任，不尽职尽责，缺乏一定的奉献意识。

高校班主任是大学生服务育人工作的主要践行者与指导者，班干部成为教师与学生之间沟通、交流的重要纽带。学生干部的主要职责之一是将教师思想政治教育的内容、日常业务如综合奖学金测评等规则与通知及时地传达给同学们，然后将同学们的意见与建议及时反馈于教师。部分班主任在学生干部的培养上需要进一步转变思路。实践中，有些班主任将学生干部仅仅当作传话的工具，未充分发挥班干部辅助其开展服务育人工作的重要作用，未能使学生干部得到有效的锻炼与能力的提升。同时，在学生干部的选拔与培养方面缺乏完善、成熟的机制，导致了部分学生干部在其位而不谋其职。刚开始担任职务时还积极进取，而随着任务的增多，逐渐开始懈怠与怠慢，影响到了班级工作的顺利进行。

三、高校学生干部自身问题与学生干部培养困境

如今随我国经济体制的转变，社会中弥漫着一股拜金主义与利己主义的不正之风，大学生对于新鲜事物接受较快，极易受这些不良风气影响，游离在追求物质生活的虚幻中。大多数高校学生干部素质较高，为人淳朴，动机端正，为同学们的生活服务尽心尽力，并通过这些努力最终达到磨炼自己、提高素质的目的。可是也有为数不多的学生干部动机不纯，只是希望为日后的入党、就业等增加筹码，丰富自己的人生履历，因此在入党前工作热情浓厚，一旦目的达到便将满腔的热情化为空谈。而还有一些学生则是为了在进行学生工作的过程中得到自我表现欲望的满足，同时也有凡事都斤斤计较、责任感极差的害群之马出现在高校学生干部的队伍当中。

在高校学生干部的队伍中，许多学生十分自我，在工作中的侧重点不

在于合作，而在于向个人发展，强调自身价值的体现，集体意识与团队精神观念较为淡薄。当前普遍存在大学生以自我为中心，不愿甘当配角的现象。多数的学生在参加学生干部工作时主要是为了对自身进行锻炼，提高自身能力，往往忽略团队合作的重要意义等。这种个人主义在学生工作中往往表现出对于个人利益过度追求，不想吃亏，也不肯吃亏，重名利而轻服务，缺少吃苦耐劳的精神等。

当前的大学生普遍眼高手低，也有相当多的学生干部在处事过程中言行不一，造成社会对学生干部的评价大打折扣。在道德品质方面的缺失表现在各个方面，在求职简历中掺入水分，在各类评优当中互相吹捧，在为人处世上口是心非等现象屡见不鲜。这样的弄虚作假行为得到了社会的广泛关注，甚至于一些用人单位在招聘现场贴出"校院系学生会干部除外"等标语，笔者经过调查发现，一些用人单位之所以对学生干部"敬而远之"是因为其觉得学生干部在工作过程中爱做表面文章，工作不务实、不踏实，对于工作过度自信，而且主观意识过强，跳槽现象更是时有发生。同时也在工作中对个人利益过分追求。虽然这些问题仅仅出现于少部分高校学生干部中，但是因此带来的社会负面影响确实巨大。

在日常高校学生管理工作中，高校学生干部应是教师的左膀右臂、得力助手，但是在现实生活中，许多学生干部在社会不良风气的影响下，在工作中不真抓实干，做和事佬、老好人；在工作中表现得极端不负责任，对学生违纪行为睁一只眼闭一只眼，甚而帮其隐瞒。还有一些学生干部甚至在学生有不良倾向前不加以制止，反而为其"站岗放哨"，知情不报，弄虚作假，缺乏基本的纪律意识。高校学生干部在学校中本应成为学生的楷模，但是当前对这些问题的处理上还存在着一定的困难。

四、高校学生干部选拔与培养过程中出现的误区

（一）学生干部的选拔标准存在误区

（1）以学生的背景、地域作为选拔标准。有的学生管理工作者受到世俗化影响，对家庭有背景、素质较低的学生高看一眼，甚至通过各种方式打招呼以便"重用"；来路平平，既无背景又无靠山，而素质能力较高的学生则是"无人问津"。个别教师存在偏见，在他们眼中，来自城镇的孩子似乎就是见识广、能力高，是天生的干部人选；而来自乡村的学生孤陋寡闻，不堪当大任。于是，学生干部队伍中乡村的学生寥寥无几，城镇的学生充斥其中。

（2）以学生的相貌作为选拔标准。一些教师在学生干部的选拔中，片面地拿个人审美来衡量学生，只注重其外表形态，忽视了学生思想的内涵本质。在他们看来，似乎外表、体形就可以在其他学生面前树立起学生干部的威信。结果被选上的学生容易志得意满，未被选上的学生则容易自卑自惭，人为地造成了部分学生心理上的障碍，也给以后的学生管理工作埋下隐患。

（3）以学生的过去作为选拔标准。部分教师缺乏发展的眼光，只把注意力放在那些曾经在中学当过干部的学生身上，似乎学生的过去能够说明一切，而对其他学生则视而不见。教师的着眼点不是放在学生潜力的挖掘上面，而是当前的某种现实需要，致使大批有潜力的学生丧失了发展的机遇。

（二）对学生干部的优化组合存在误区

学生干部队伍的集体效应取决于成员自身素质。素质高，集体效应就强，但成员搭配不当，部分效应将会在相互矛盾中抵消，无法发挥最大的效能。在一个班集体或学生会队伍中，可能会有很多高素质的学生担任"要职"，但由于这些学生的性格相近，办事、做工作的模式千篇一律，很难形成工作方式上的变化，导致其在工作中缺乏随机应变能力，工作的积极性也逐渐弱化。另外一种情况，这些学生的能力相仿，在某个方面较擅长，而在其他方面相对薄弱，缺乏团队、集体内部的能力互补，很难达到理想中的办事效率。现实的大学校园中，学生干部队伍的搭配，由于受到学生素质、主观愿望、领导意志、辨别力等诸多因素的影响，无法实现性格、能力上的互补，队伍配置不合理，再加之缺乏相应的动态管理，导致干部队伍在整体上失去了拼劲和创造力。

（三）高校对学生干部的"用"与"育"存在误区

高校培养学生干部的主要目标是培育学生成才，而不是使用学生干部。大部分学生竞选学生干部的初衷是希望通过从事相关的学生工作来锻炼自己的能力，服务广大学生，同时也希望得到教师的指导和培养，使自己尽快成才。但是有些高校教育工作者只"用人"而不"育人"，例如，经常让学生干部代其值班，或者做递送材料等简单工作，甚至有极少数工作者连自己分内的大部分工作都交代给学生干部去完成。不管学生干部写的材料内容是否漏洞百出，还是处理的事务是否妥当，高校的极少数工作者都没有及时对学生干部进行指导和教育，甚至有些事情应该教师去处理比较合适，却安排学生干部代替自己。还有一种相反的现象就是教师的"包办代替"，这种情况多出现于责任心和自我意识极强的教师身上，他们不能客观地、发展地评价学生干部的能力，凡事必亲历、亲为、亲定，减少了"用"学生的次数和机会，这种情况下的学生干部只处于被管理者状态，没有管理的权力，遇事缺乏思路和方法。同时，学生干部接受培养和自主思考等独立性工作也相应减少，久而久之成为教师听话的"随从"，从而降低了"育人"的效果。

（四）学生干部的考评激励机制存在误区

学生干部因为分工不同，所在的部门不同，往往很难有一个统一并且切实可行的考核评价标准。有时即使有考核，也常常是教师单方面做出的，不容易得到广大学生的普遍认同。学生干部的工作不能得到别人的肯定，必然会影响其积极性。有些时候，学生干部即使通过了考核评价，所能得到的也只是在综合素质测评的时候加分以增加其获得奖学金的可能性，而能够评上各级"优秀学生干部"等荣誉称号的则更是凤毛麟角。学生干部的工作应该讲究奉献，但是及时的肯定、必要的精神鼓励和适当的物质激励是激发学生干部积极性的良好方式。一味地要求学生干部无偿奉献，与时代不符，也容易打击他们的积极性。

五、大学生班主任对班干部团队管理方法

班主任要进一步加强班干部的带头作用，完善目标责任制，强化其领导责任意识。班干部必须具有强烈的模范带头意识，全面提高自身业务素质，严格要求自身言行，在同学中树立认真负责、积极向上的良好形象。此外，还要帮助学生明确自己学生的主体身份，坚决否定重工作轻学习的错误思想，扭转学习态度，调整学习状态。对于学习意识薄弱和学习能力较差的班干部要予以帮助，做好思想辅导和方法传授工作。

当代大学生多在优越的生活环境中长大，缺乏必要的心理抗压和挫折教育。班主任要特别重视对班干部的心理素质教育，培养其健康、积极的工作态度。主要对以下三方面进行辅导：（1）正确认识和评价自我。当代的大学生大多没有经历过艰苦生活的磨炼，缺乏对自我的正确认知。因此，班主任应根据学生的个人情况，帮助其科学地分析自身的优缺点，在工作中做到扬长避短、取长补短。（2）增强心理承受能力。失败是不可避免的，班主任应该帮助班干部正确地认识挫折、战胜挫折，把失败当作奋进的动力，在工作中保持热情，将不利转化为有利。（3）奉献心理教育。身为班干部就必须具备团队合作精神，有一颗乐于为同学、为班级、为教师、为学校服务的奉献之心。班主任可以通过一些正面的思想教育范例的讲解，使得班干部价值取向与组织趋于一致，帮助其树立正确的人生观、价值观。

班级管理的好坏，与班干部管理的好坏有着密切的联系。所以，教会班干部如何运用科学的管理方法，对于提高班级管理水平有着重大作用。班主任可以定期召开班委例会，加强班委之间的沟通，在相互的信息反馈过程中养成团队协作的习惯，增强班干部队伍的内部团结。同时充分利用学院和学部党、团组织的干部培训，定期组织班干部参加培训，通过学习工作技巧和方法，增强其事件处理能力，加强对班干部的理论知识教育。培养班干部的表达技巧、人际交往、组织管理、自我约束等能力，帮助其提高思想觉悟，形成严谨求实、团结进取、文明守纪、尊师爱生的工作作风。

班干部的能力不是天生的，而是在工作实践中不断积累和完善而来的，班主任要重视对班干部日常工作的指导，用心栽培班干部。班主任对班干部的培养重在思想观念上的培养，主要包括坚定思想政治信仰，具备团结合作精神、工作创新能力，树立责任意识，学会运用正确的管理方法。及时指出其在工作过程中的错误，让班干部通过日常的工作实践，不断提高决策力、执行力，全面提升综合素质。

班主任要给予班干部适度的奖励，激励班干部更好地完成班级管理工作。适当地对班干部予以肯定和公开表扬，提升班干部的荣誉感。对于工作能力突出、热心为同学服务、思想品德端正、威信较高的班干部，在评定奖学金、三好学生、优秀团干部、优秀学生干部等荣誉称号时，可以优先考虑并适当加分。

六、班干部应具备的素养

班干部要勇挑重担，为人诚实，关心集体，愿为同学服务。要不断以模范代表为自己的榜样，努力提高自身的综合素质，逐步树立自己的世界观、人生观、价值观。树立"为中华之崛起而读书"的学习目的，刻苦学习，只有自己学习好了才能引领大家共同努力。

要求别人做到的，自己一定要做到。要达到这个标准，让他们能够自觉用学生日常行为规范来约束自己，着重培养班干部的组织领导能力、管理能力、信心和毅力，这些是大多数同学走向社会所必需的素质。当班干部，虽然花了不少时间和精力，但却能在实践中锻炼自己，所以应当自觉去做，乐于去做。班干部应积极组织同学在班级开展各项活动如元旦晚会、校运动会等，充分发挥班干部的模范带头作用。与此同时，还可以制作一个黑板报把班级的好人好事都记录下来，以便激励同学们好好学习，奋发有为。这样，班主任就能有较多的时间解决一些带有根本性的问题，促进班集体的更好发展。

当好优秀班干部，必然会遇到各种矛盾，假如处理不好，就会影响自己的思想情绪和工作学习，所以班主任要帮助班干部处理好这之间的关系。

一是处理好学习与工作的关系，班主任要教育班干部积极主动学习，起模范带头作用，搞好班级工作，同时还要指导班干部合理安排时间，提高工作效率。二是处理好班集体与个人的关系，要求班干部处处以班集体利益为重，时刻想着与全班同学一起进步。

班主任要让班级中的每一个学生感觉到自己都有希望成为班干部，而每一个班干部都要有危机感：如果我不努力，将会有其他有能力的同学顶替我的位置。另外，为了让更多的同学去当班干部，可以实行执周班长、执周卫生委员等周负责制，调动学生的积极性。

学生毕竟是学生，经验相对不足，选拔班干部并不是想象中的那么容易。在接到新班级时，很多有经验的班主任的做法就是首先认真研究学生的入学档案，通过原始资料了解每个学生的性格，是否担任过职务，学习状况、家庭环境等，对学生的情况做到心中有数。

在逐步培养目标的同时，班主任要对班级管理办法做出规定，如班级惩罚制度。班长是班级管理制度的主要负责人；学习委员、各科的课代表主管学习，等等。全班同学共同参与实施的班级管理制度，它的好处是能够调动所有同学的积极性，人人有事做。使每一个同学都能提高自身的管理能力，使每一个同学都能得到全面发展，达到培养班干部自主管理班级的目的。

班干部是一个班集体的骨干和核心。在班级管理中，只有发挥了班干部的模范带头作用，调动了全体学生参与班级管理的积极性，才可以形成良好的学风，进而形成一种积极进取、和谐向上的班集体精神，增强班集体的凝聚力和创造力，为班级工作的顺利进行奠定了基础。但不管是怎样培养，前提条件是师生的情感。班主任在整个过程中，要坚持以人为本，对学生多多关心，多多包容。只有这样，才能建立更优秀的班集体。

七、培养学生干部的路径

（一）培养学生干部工作能力的始点——沟通的艺术

班主任要善于表达。沟通离不开表达，准确地表达自己的观点有利于师生顺畅的沟通。班主任的表达不仅有利于工作，与学生干部的沟通还具有教育和示范价值，因此，班主任应在实际工作中不断锻炼自己的表达能力，便于学生接受和理解。

（二）培养学生干部工作能力的重点——指导的艺术

在服务学生的实践中培育学生干部主动的服务理念。"领导就是服务"，真正科学的领导是通过服务来实现目标管理的。这一理念也适用于高校班主任班级管理中对于学生干部的培养。长期的知识学习养成了来自中学的学生干部两个常见的不当观念：一是以为当学生干部就是帮助班主任做些班级工作，在实际工作中表现为行为被动。二是感觉在帮助班主任工作。所以，要帮助学生干部树立服务意识。

（三）培养学生干部工作能力的关键——使用的艺术

因材使用，这是一个为人们熟知的用人方法和原则。班主任因材使用的关键是选才：根据学生的实际才艺选才。这是目前在高校中普遍使用的一种方法，让学生自我推荐和展示，或是通过班级活动发现有相关才能的同学。比如，让有音乐天赋的同学担任班级文艺委员。但在实际工作中，这样选择出来的同学可能有某个方面的才能，却缺乏组织管理的能力，他们能做好自己的事情，却不能组织好相关的活动。

（四）健全选拔机制

建设一支综合素质较高、实践能力较强的学生干部队伍，是高校服务育人工作顺利开展的基础与保障，充分体现了大学生自我管理理念，提升了大学生的各项基本素质。综合素质主要指学生干部较强的政治素质与人文修养，如较好的表达能力、社交能力，以及组织、沟通、协调等能力。在选拔学生干部时应注重其综合素质的考察，选拔思想觉悟高、工作能力突出、具有无私奉献精神的学生干部为大家服务。在学生干部的选拔上应该根据年级、学生男女比例、组织性质等在公平公开的原则下，结合自我推荐、竞选、任命等多种方式进行。例如，对于大一新生，由于同学之间不是很了解，可以在毛遂自荐的基础上，进行竞选演讲、公开投票、试用考察等环节确定人选。同时对于学生干部的任期应该规定一定的时间，一方面是为了让更多愿意从事于服务育人工作的学生得到锻炼，另一方面在一定程度上有利于领导团队时刻保持活力与激情。

（五）定位职责，完善考评机制

在竞选具体的学生干部职位之前应该引导学生明确自己的岗位职责，班主任教师在进行任务的传达与布置时，应根据学生具体的职责，明确分工，使学生干部各司其职，以此来提高工作效率。完善、科学的考评机制是激励学生干部保持其工作积极性的有效手段与措施。对于工作突出、为组织做出重要贡献的学生干部应该给予精神上的表彰与物质上的奖励。一张简单的荣誉证书是教师、同学对其能力、素质、人品的肯定与认可。另外对于学生干部的考核应该注重学习成绩、工作能力、思想道德等多方面的考察。因为学生干部首先是学生，其主要任务还是学习，只有在保持自己学习成绩优秀的情况下才能够很好地为大家服务。一个由于为大家服务而不能兼顾自己学业的学生干部，在一定程度上体现出其综合能力的不足。

（六）定期培训，重视实践

注重学生干部培训，实践能力培养是提升学生干部整体素质，为同学们提供更好服务的基础与保障。例如，学校定期组织专门针对学生干部的"青马"骨干培训班、党员培训班等，不断提高学生干部的责任意识、团队意识、奉献精神。只有具备了责任心与无私的奉献精神，才能尽心尽力，全身心地投入到自己的工作中去。

八、成人高校学生干部培养

成人学生的年龄跨度大，从十几岁到四五十岁，大多是在职学习，他们集许多社会角色于一体，同时学历层次较为复杂，从初中、高中到大学本科都有。社会对人才的培养质量提出了更高的要求，除了必须具备较丰富的专业知识外，还要善于把知识转化为能力和本领。因此，成人学生应通过各种渠道了解社会各种新的信息，及时调整发展方向，把学校当成资源库和练兵场，有意识地参与锻炼，积累知识，扩大关系网，培养能力，提高素质，为其现有的或以后的就业市场提供更大的社会竞争优势。

由于角色意识的驱动和工作需要，学生干部接触到人和事的机会多，对社会、学校的了解较为宽广，加速了他们的社会化进程和个性的成熟，强化了他们的独立意识。成人学生干部多数处于青春期到成人早期阶段，他们的自我意识发展已逐渐成熟，思想观念较为稳定，社会生活经验也较丰富，因而对他人的依赖性较少，表现出较多的独立性。

成人学生干部不仅关心自己的学习和进步，而且关心和支持学校的各项改革和发展。如在学校的教学改革、后勤管理体制的改革以及校园文化和精神文明建设等方面，学生干部不仅表现出了积极的兴趣和关注，而且提出许多宝贵意见，对学校的改革和发展起到了重要作用。

随着我国改革开放的不断深入，经济建设的高速发展，知识经济时代的到来，成人学生干部独立自主意识的增强，其经济意识也明显增强，这主要表现在两方面，一方面是在开展活动中拉赞助弥补学校学生活动经费的不足。另一方面是通过外出兼职、参加勤工俭学等活动，补贴家庭经济困难的学生，以便顺利完成学业。通过这些活动，培养了学生干部的经济意识，锻炼了他们的经济活动能力。

成人高校进行学生干部培养的目标是针对当前成人学生干部的特点扬长避短，根据成人学生骨干的成长规律和发展方向，以育人为本，服务为先，助力于职业拓展型人才培养。在此过程中学生自身的素质不仅能够得到锻炼和提高，同时学校学生工作的管理也能更加完善。

成人高校的学生干部培养模式主要集中体现在学生干部的选拔、学生干部的培训、学生干部的监督和晋升、学生干部的评优。由校团委主办，设置学生干部培养的基础课程，培养对象主要包括本校的团委、学生会干部、学院推荐和报名审批通过的学生干部、学生社团主要负责人，培养形式设计为专项系统培训班。以我校 2013 年秋"梦想起航"学生干部培训课程为例，课程由政治理论、人生价值观、学生干部素养和参观学习四个专题模块组成。主要通过讲授、交流研讨、拓展培训、社会实践、参观学习等形式进行培训。培训周期紧凑，内容丰富，方式多样，效果良好，呈现出具体化、专业化和系统化特点。

完善学生干部培训的措施：

1.加强共青团学习型组织建设，制定完善的各层次学生干部的学习计划，形成强力有效的培训机制，促进干部队伍的学习支持服务功能转型，培养学生干部的学习力。

2.创新培养方式，转变培养思路，使集体、小组和个人培训形成一体化，培养学生干部的沟通能力。

3.整合社会资源，提升系统培训的层次，重点推广拓展和参观式教学。（1）合理安排培训的频次，做到张弛有度，时间紧凑，培养学生干部的意志力。（2）加强思想政治教育，防止政治理论教育缺失，结合成人学生干部特点有针对性地开展职业规划、创业就业指导服务。

第三节　班主任人格魅力对学生干部培养的影响

高校的班主任服务于高校日常管理的第一线，积极引导高校学生形成正确的思想观、价值观与人生观，是对学生进行思想政治教育的骨干力量，在工作中，高校班主任要重视展示自己的个人工作魅力与人格魅力，通过以身作则，影响自己身边的学生干部，通过学生干部成为学生的知心朋友。在实际的高效管理工作中，班主任承担着极为繁重的工作，面向服务的对象是成千上万的学生，要想通过自己的力量做好管理与教育十分困难，这就需要培养一批综合素质强的高校学生干部，作为自己的得力助手，促进高校学生教育工作的开展，做好高校各项事务的管理。

一、班主任在学生工作中的优势

尽管班主任是专职的学生工作者，有着较高的理论水平和丰富的实践经验，但不可否认，班主任在学生工作中有着其独特的优势。班主任的优势主要有：第一，专业背景相通，与学生有"共同语言"。一般来说，选任班主任一般是本班级的专业教师，一方面有利于班主任通过课堂教学熟悉学生的基本情况，学生也可以通过课堂与班主任沟通交流。另一方面，基于"专业权威"，相比其他任课教师，班主任更容易得到学生的信任与尊重。尤其是在专业学习的问题、学风建设上，以及学生的就业、择业等相关的问题上，学生认为班主任是个鲜活的成功例子，更有"话语权"。第二，由于管理范围不同，学生容易与班主任产生亲近的心理距离。由于班主任管理很多个班级，甚至一个年级，但班主任只管理一个班级，这使学生在心理上产生这样的思维：班主任是大家的，班主任是我们班的，因此，与班主任的距离会更亲近。由于心理亲近，学生愿意主动与班主任倾诉成长的迷离与彷徨，也愿意与班主任分享自己的想法以及班上的一些情况。班主任借助心理优势，能通过开展班级活动有效地凝聚班集体，营造健康良好、积极向上的班风。第三，基于职责不同，管理手段不一，班主任的"柔性"管理更为学生所接受。在学生工作中，"相对而言，专职学生工作者更倾向于管理，其工作的'刚性'色彩较浓，而班主任则更倾向于'导引'，在做学生工作时，带有更多的'柔性'色彩。"班主任的很多工作带有强制命令性质，用单向灌输方式，而班主任的工作性质决定了其在主持班级事务时是商量式的，组织班级活动时是参与式的，与学生对话时是平等式的主体间交流。这种"柔性"更符合尚处于叛逆期的大学生的"民主、自由、平等"要求，使得班主任教书育人的功能得到充分的实现。

值得一提的是，班主任在班级学风建设上的作用，是其他任课教师无法比拟的。班主任的一个重要身份是专业教师，凭借专业知识和专业背景，班主任可以从宏观上给学生在教学计划、专业方向以及专业能力上一个整体性要求，让学生明白四年自己所要学的知识，并结合自身情况树立自己的学习目标、制订学习计划。微观上，班主任可以关注每个人在学习上的优势和弱项，有针对性地进行引导；可以通过组织专业知识竞赛、专业知识交流会等形式，激发学生学习的积极性和主动性，强化学生的自律意识，营造严谨踏实、奋发向上的学习氛围和良好的学习环境。

班主任角色淋漓尽致地体现了"教书育人"原则。充分发挥班主任优势，让班主任成为高校思想政治教育的重要主体之一，成为大学生生涯发展规划的指导者，成为学生学习生活的良师益友，这样必能提高大学思想政治教育的实效性。

二、人格魅力潜移默化地影响学生干部

教师除了具备一定的专业技能外，更重要的是要具有一定的教师职业道德，师德对学生的影响是最为深刻与重要的。较高的师德可以改变学生对世界、对事物的认识，提高自身修养，成为对社会有益的栋梁之材。早在古书中就有对师德的重点强调，而高校班主任作为与学生交流最为密切的教师，必须充分认识到师德对学生潜移默化的影响，通过自己的师德影响自己身边的学生和学生干部，尤其是后者。学生干部是学生与班主任之间联系的桥梁与纽带，也是高校班主任学生开展工作的得力助手，在与学生干部接触的过程中，对于学生干部的影响是"潜移默化"的，因此在实际的工作中班主任要注意师德的培养，通过自己的师德形象去感染身边的学生干部。

高校班主任人格魅力中最重要的是在日常的生活与工作管理中，对于学生干部形成一种精神的感召力，对学生干部形成一定的人格信服力，从学生干部的心理与行为两个方面进行影响。经常对学生干部进行言语上的沟通与交流，最重要的是将言语教育与说服落实到具体的行动中，亲自参与到学生干部的工作中，增强对学生干部这个群体的理解与认同。也可以换种思维方式，在自己开展工作的过程中，让学生干部参与进来，锻炼学生干部的工作执行能力，提高其管理水平，对于其管理中的问题进行指导与讲解。通过言传身教，以身作则，让自己的人格魅力深化到学生的思想认识之中，为学生干部树立起学习的典型与榜样，先进的榜样作用下，学生干部的工作积极性被充分地调动起来，而班主任也可以开展多样的学生活动，推动工作管理水平的提高。

在高校的教育中，学生干部是不能忽视的角色，作为学生干部的学生往往具有双重身份，一方面他们是被管理的学生，这是他们最基础的角色定位；另一方面是管理者，这是学校或者高校班主任赋予他们的一定职责，本身就是"自我管理与教育的实施者"，他们更注重在实际学生工作的开展中得到认同与肯定，获取一定的满足感，增强自身的价值感。除了对其进行常规的工作教育外，班主任还应该通过赏罚分明的处理，激发学生干部开展学生工作的自觉性与主动性。而如何做到赏罚分明，就需要高校班主任发挥一定的人格魅力，做到坚持正义，公正无私。杜绝暗箱操作，给每一位学生干部最公正、客观的评价。

在实际工作中，班主任不仅是学生干部的指导者、支配者，更应该成为学生干部内心世界的倾听者，对于学生干部具有一定的亲和力，拉近学生干部与教师的关系，通过与学生干部的交流与谈心，了解广大学生的最新心理动态，只有放下自己班主任的身份架子，才能与高校学生干部进行贴心的交流，所获得的学生工作信息才是最真实、准确的，最具有工作参考价值的。亲和力是基础，班主任还要具有一定的知识，利用知识与亲和力的人格魅力，帮助学生筛选健康的知识，帮助学生过滤不利的诱惑，促进学生干部的正常成长，解决学生干部内心存在的疑问与困惑，从而推动学生工作的顺利开展。

第四节　高职院校班主任与学生干部共同管理

我国的高职院校不断扩招，生源不断增加，在这种情况下学生的素质参差不齐，导致班主任对于学生的管理工作难度加大，逐渐出现了管理效果不理想等问题。加之学生人数较多，班主任人数偏少，常常导致班主任不能兼顾到学生各个方面的需求，因此需要班主任与学生干部共同管理。在高职院校中班主任与学生干部共同管理已经是大势所趋，实现共同管理对学生与班主任都有益处。

一、班主任与学生干部共同管理的重要性

高职院校中学校的日常工作需要班主任去做，例如，通知、任务要靠班主任下达，但由于时间、精力等多方面原因，班主任既要授课又要管理学生事务，导致一些工作不能全面深入地执行。所以，要依靠班长和各类学生干部的配合管理和执行。但如今的高职院校的学生个性较强，自我管

理能力也较差，学生干部往往不能够有效地管理，这时需要班主任的指导以及约束。

一个战斗力、凝聚力强的班级能为学生带来深刻的影响，要形成良好的班风学风，需要班主任与学生干部共同努力。学生干部是学生群体中的带头人，对整个班级的发展具有导向作用，班主任应该让学生干部充分展现自己的才华与个人能力，增强为集体服务的意识和责任心，从而提高学生干部的个人管理能力。学生干部与同学在日常生活中朝夕相处，对于学生中存在的问题，班主任可以通过学生干部马上了解到。除此之外，班主任也能更加全面深入地了解学生的情况，制定解决问题的方案。班主任与学生共同管理的优化机制下，让班级逐渐形成积极向上的风气。

二、高职院校班主任与学生干部共同管理的意义

高职院校的学生干部大多数以班级为单位，民主选举出来的，如班长、纪律委员、团支书等管理着班级日常事务，而学生会则是为学生日常学习生活而工作的。因此，班主任与班干部、学生会干事共同管理学生事务，双方相辅相成。

第一，大多数高职院校的班主任都不能全面管理学生，班主任也兼任着上课和学生事务管理等工作，很多班主任每天都忙得不可开交，在班内重要信息或个别学生动向的汇报，只靠班主任自己去发现，是很局限的。因此，让班主任与学生干部共同管理，可以分担班主任的工作。第二，班主任不是长时间与学生相处，有些学生在学风作风上发生变化，班主任不可能第一时间发现，所以，学生干部在日常生活中与同学相处就能较快地发现问题，并且马上向班主任汇报情况，把不良的学风作风扼杀在萌芽阶

段，有利于学生日常的管理。第三，大部分高职院校的学生班风学风尚未提高，对于班主任的工作落实得也不到位，这时需要通过学生干部起上传下达的作用，更有利于班主任开展教育工作。第四，通过选拔优秀的学生干部，为学生带头起先锋模范作用，有利于带动学生积极向上。

最后，对于学生来说，与班主任共同管理学生日常生活学习事务能充分体现出学生干部的个人能力，对于培养学生的各方面素质都带来很大的益处。学生干部是由学生中投票产生的，其个人号召力与个人能力都得到班上其他同学的认同，这也说明学生干部具有一定的先进性。在班主任下达任务时，学生干部要对班主任下达的工作进行整合，再通知班上的各位同学，这就要求学生干部个人的信息接收能力、个人表达能力要提高，通过日常工作的不断训练，学生的个人能力也有所提高。作为学生干部，如班长、团支书等班干需要时刻保持自己良好的思想品德与学习作风，这就要求学生干部严格地要求自己，为同学们起到带头作用，久而久之，学生干部的综合素质也得到了提升。

三、班主任与学生干部共同管理的措施

首先，要建立良好的师生对话机制。例如，一部分对自身条件感到自卑的学生，班上的贫困生、成绩较差的学生，他们往往会羞于向班主任或班主任提出帮助，但是十分需要人帮助时，学生干部要成为学生与班主任相互沟通的纽带。学生干部通过与班上同学沟通，得到同学们提出的意见以及建议，及时反映给班主任。通过与学生干部沟通，了解班级情况对学生的学习生活进行指导。对于班上的学生出现的问题，也能第一时间进行整改，引导学生们顺利毕业，成为一名优秀的大学生。同时，班主任应该

适当地为学生做指导工作，对于事务管理方面要适当给予指导与帮助，使学生感到班主任是个亦师亦友的角色。

其次，发挥学生干部的核心作用。要实现班主任与学生干部共同管理，必要条件是学生干部的选举要做到民主、科学，这样才能建设具有团结力和战斗力的学生干部组织，要让学生干部做到分工明确，各司其职，才能让学生干部成为学习生活工作的中流砥柱。

更重要的是，班主任与学生共同管理要做到以下工作。第一，要为班级制定发展方向。对于学生干部，要做到每周进行学生干部例会，在学生干部的工作方法上进行指导。第二，要协调好学生干部之间的关系，对于学生干部与同学之间的关系、学生干部与任课教师的关系要进行协调，调动一切积极因素来建设优秀的班级。第三，要时刻进行督促，这不仅要做到学生干部督促学生，还要学生干部之间的互相督促，互相促进，要及时发现班级问题，及时解决问题，才能形成良好的班风、学风。

而单纯依靠学生管理也是不行的，有些学生干部不能做到十分公正严明，会出现包庇同学的状况。例如，对上课出勤率执行的问题，有时班干部没有真实上报，这就需要班主任偶尔自己抽查；学院活动的组织及宣传如果只靠班委去组织，可能学生的积极性就不高。

第五节　班主任如何发挥班干部团队作用

一个良好的班干部队伍不仅可以锻炼学生，而且可以提高班主任工作的效率。建设和培养一个好的班集体，对于班干部的培养和管理，学生本人的健康成长、班主任的工作乃至学校的发展都具有深远的意义。

一、如何调动班干部成员的积极性和主动性

（一）信任意识

班干部各个成员合作共事，首先是信任，相信班干部成员能够把事情做好。班主任就可以真心实意地依靠班干部的每一个成员，依靠集体的智慧和力量，搞好班级的各项工作。而依靠的基础是信任，因此，在工作中班主任对班干部成员要坦诚相待，根据成员的各自特点用其所长，不要过多地干涉他们的工作，并能充分理解、信任、尊重他们，使每一位班干部的聪明才智得到最好的发挥。在平时的工作中与班干部多沟通，了解班级最新情况，取得共识，把班级的各项工作做好，实现"双赢"。

（二）授权意识

优秀的班主任不会把权力看得过重，管得太多，包揽一切。既然班干部成员是班主任的助手，就应该把权力授予班干部，特别是班长的权力更应该有的放矢，当班主任不在的时候，可以协助班主任工作，给班干部充分施展自己才能的机会。这样做不仅有利于他们在工作实践中增长才干，也有利于发挥班干部各个成员的专长，能及时地补充班主任不在班级的管理漏洞。班主任在管理工作中要注意做到"放手"而不单单是"撒手"，属于他们职责范围内的事，让他们独立自主地行使"权力"，不要乱加干涉，使其从内心感到自己的"职位"是实的、"权力"是真的、"责任"是重的。"授权"是班主任调动班干部成员工作积极性的有效手段，有助于激发班干部成员的责任心、成就感，形成一种各司其职、人人动脑、勇挑重担、通力合作、奋力完成任务的局面。

（三）关心意识

感情的投资主要靠关心人、理解人、尊重人。对班干部成员要讲感情，当他们有了思想问题时，班主任要给予热情的帮助，解决实际问题；班主任不仅是一名导师还是一名心理师，关心班干部以及学生的身心发展，当他们在生活上遇到困难时，班主任要为他们想办法，排忧解难，鼓励学生有面对困难的勇气，并认真战胜困难；当他们在工作上做出成绩时，在公开场合或在单独场合及时地给予表扬及鼓励，使他们发挥更大的优势；发现个别成员总存在缺点或不足时要对其进行引导和制止，努力在班干部中营造出一种多引导、多表扬、少批评的良好氛围。对素质较高、能力较强的班干部成员，要着力培养他们，使他们自身的潜能与价值在工作中得到最大限度的发挥。

（四）集体意识

班主任应在班级日常管理工作中，做到与班干部成员多沟通、多商量、多征求意见，善于发挥集体的智慧，协调和统筹各方面的力量，使各项工作有条不紊地开展。在工作中要当"班长"，不当"家长"；善于"总揽"，不搞"独揽"。在研究决定重要的问题时，尽可能地听取同学们的意见，尤其是允许和鼓励发表不同意见和建议，尊重和保留学生的意见，切实做到"大事讲原则，小事讲风格，大事集体议，小事通通气"。

（五）激励意识

班主任在工作中做到不断地激励班干部成员的工作热情、责任感和成就感，肯定班干部的工作，是推进班级各项管理工作的根本动力，是打造一个优秀班级的关键。因此，班主任在工作中要仔细观察，善于发现班干部成员中各自的优势和成功之处，比如，一句话、一个表情、一个动作都应及时给予肯定，给予精神鼓励，使他们在被赏识中不断地获得自信，认识到自己存在的价值。班主任拥有激励意识并善于运用，往往是一个集体前进的精神食粮与内在动力，这种动力一旦转化为他们的行动，就会形成一种强大的进取力量和工作热情，班级的各项管理工作就可以获得事半功倍的效果。

（六）服务意识

班主任的服务意识主要表现在规范班级的管理制度、创造良好的教育环境、疏通情感交流渠道、保障政令上下畅通、维护班级健康有效运转等方面。班主任所做的这些工作，不只是管理的艺术问题，更重要的是管理的本质问题，也体现了"班主任"与"班干部"之间应有的必然关系。当班主任立足于长期服务并在实际管理工作中进行服务时，与群体之间就会形成一种平等、和谐、良性互动的关系，全体同学就能更好地与班主任相处。反之，如果班主任在管理工作中缺乏服务意识、缺乏服务功能，只凭个人的影响力、凝聚力，所实行的"带动性"就不可能长久。

（七）设计意识

班主任的设计意识就是设计好班级发展目标。目标要实事求是、符合班级实际情况与班干部一起设计的。设计班级目标时，班主任要了解班集体的实际情况，不要把目标定得过低，学生以为你把他看成了小学生，目标定得过高，遥不可及，很难达到，这样学生的积极性又容易被挫伤，目标只能成为愿望。如在学校里有这样的现象：要学生成长，你要成长得比学生更快。教师要敢于接受社会信息，将学生送往各行各业调研、学习，以提升学校获取社会前沿信息的能力。当代的职业教育要求班主任面对素质各异的学生，要能够实施"广阔式"教育。在此背景下，班主任接触社会的机会较多，设计出的班级管理目标就更具合理性。

二、建立高效的班干部团体

确立团队成员标准。如何选择高效的班干部团队人员呢？笔者确立了四个标准：第一，有很强的上进心。这样的学生不愿自己身处于一个落后涣散的班级里，有改变自己不良的生活学习环境的强烈愿望并付诸行动。第二，能明辨是非，有正义感。这样的学生在工作中会知道什么该做，什么不该做，该怎样做。敢于同歪风邪气做斗争，能大胆地开展工作。第三，有服务意识。他们把班级管理的工作看成是一举两得的有意义的工作，认为既可以帮助别人，也是提升自己能力的好机会。第四，有团结协作精神，善于沟通协调。知道自己是团体中的一员，知道怎样让自己融入一个集体中去，明白只有全体队员同心协力才能做好工作，才能实现团体目标。

制定团队内部规则。没有规矩不成方圆，一个团队要有战斗力必须有健全的规章制度。根据学校的规章制度、借鉴其他班级的经验、听取学生的建议，笔者拟定了班团干部的职责，将班团干部的职责公示全班。

明确团队成员分工。根据成员的个性特征明确分工，让团队每个成员的主动性、积极性和创造性都能有较大的发挥，要使整个团队充满活力。

挑选一个好的团队领导。一个好的团队领导是这个团队的主心骨和凝聚力，能把所有成员紧紧地团结成一个整体。一个好的团队领导能充分发挥团队中每个成员的优势，使团队的资源实现最大限度的优化，从而创造出非凡的业绩。

第四章　高校兼职、助理班主任管理研究

新时期大学兼职、助理班主任在社会、学校、家长和学生之间起到桥梁作用，如何解决兼职、助理班主任工作中存在的问题意义深远，值得去探索和实践。

第一节　高校兼职班主任管理研究

为了适应新时代高等教育改革和发展要求，做好新形势下大学生思想政治教育工作，很多高校的思想政治理论课教师和青年党员教师都担当起兼职班主任工作。高校兼职班主任是高等学校从事德育工作、开展大学生思想政治教育的重要力量，是大学生健康成长的指导者和引路人，是由高等学校聘任到学生年级、班级，协助班主任对学生进行思想教育、行为引导、学习引导，促进学生全面发展的教师。"兼职班主任"是一项重要的学生管理措施，有利于加强学生思想教育，改善班风学风，同时缓解学工部门特别是专职班主任的工作压力。兼职班主任大多来自教学和教辅部门，如何充分发挥他们在班级工作中的主导作用对学生的发展意义重大。高校思想政治教育是高素质人才培养的重要组成部分，加强和改进思想政治教育工作意义十分深远。从战略和全局的高度讲，是事关国家前途和民族命

运的战略工程。为了适应新时代高等教育改革和发展要求，做好新形势下大学生思想政治教育工作，高校应该切实加强兼职班主任制度研究与实践。

一、为何要团队化管理班主任

当前，辅导员面临的管理跨度过大。为方便管理，高校常会将同一年级多个班分给不同辅导员管理，但学校内部的事务性工作分配往往按年级下发，由不同辅导员分别管理的方式不仅降低了事务性工作的处理效率，更浪费了部分辅导员的精力。学生兼职班主任团队化管理可以很好地解决这一问题。

为简化问题，以某年级 14 个班为例。传统一对一的学生兼职班主任模式下，辅导员的管理跨度为 14。团队化管理模式下，根据广受认可的管理学家格兰丘特的研究结果，R=N（2N-1+N-1），计算知 R 为 14 时，管理跨度 N 最优为 3，也即将 14 个班分成分别是 4、5、5 个班的三团队管理形式，需 17 名班主任进行管理。3 名队长，14 名队员、辅导员面对的管理跨度由 14 降至 3。

假设辅导员要收取一份材料、处理学生上缴数据两份，传统方式下辅导员要与各班主任对接：1（此处假设任务一次性群发）+14×（1+2）（任务回收）=43 次，做叠加汇总工作：14×（1+2）=42 次；而团队化管理方式下，辅导员只需与 3 名组长进行对接：1+3×（1+2）=10 次，做叠加汇总工作：3×（1+2）=9 次。两项数据分别由对接次数 43 次下降为 10 次，叠加汇总次数 42 次下降为 9 次。管理效率显著提高。

尽管班主任制度的开辟为辅导员工作带来福音，但实现结果往往不太令人满意。一方面是学管人员对理想状态下班主任胜任力的期待，另一方面是具有不确定性的高年级候选学生的个人能力，两者匹配的问题似乎难以调和。而学生兼职班主任的团队化管理则可以缓解这种矛盾。

传统管理方式需要学生兼职班主任 14 名，也就是说为保证管理效果，至少需要 14 名品学兼优、管理素质过硬的高年级同学担任此项工作。而在团队化的管理方式下，更多关注队长的任免，所需考虑的关键岗位变少了。队长不仅可以起到纽带、引导、监督的作用，更可以直接帮助个人能力不足的班主任处理问题。

二、班主任团队化管理的优势

提高学生管理效率。一方面，如前所述，兼职班主任的团队化管理能够在极大地提高辅导员的管理效率，将辅导员从琐碎的事务性管理中解放出来，以腾出更多的时间和精力关注学生思想动态、处理额外工作。另一方面，大学本身就应让学生拥有自我管理的意识。兼职班主任的团队化管理能够将更多的管理问题直接抛给同学们，充分实现学生自我式管理。管理效率的提升体现在辅导员精力得到节约和学生能动性、积极性得到充分调动。

培养合作竞争意识。一方面，可以培养团队意识。当前发展趋势下，工作任务互依性要求越来越高，能够与人互惠，懂得团结协作将对学生未来的工作将会产生积极影响。而团队管理为学生提供了这样的锻炼平台。另一方面，可以培养竞争意识。传统方式下的班级之间也存在竞争关系，但由于班级过多，竞争对象模糊，团队化管理方式下竞争对象明确，能够促使团队间产生更为强烈的竞争意识。

便于实现联合管理。在学生管理过程中，班主任间经常面对互帮互助的工作情形。对于需要整体管理的项目，如整体集合出操，只需团队内轮班轮岗即可，促使形成"一位班主任出席，全团队不用操心"的局面。既方便学生兼职班主任团队内整合资源，又节省了辅导员的工作分配精力。

以选班委为例，以往传统式管理，一位辅导员、一位班主任和班级学生形成了选举阵容。学生兼职班主任团队化管理后，将出现一名辅导员、5～6名班主任和班级同学共同出席的局面，形成以辅导员为中心，班主任队长牵头，班主任团体合作支撑和班级同学共同协作管理的四位一体格局。

三、班主任团队化管理的挑战

信息传递失真问题。与传统方式相比，班主任团队化管理将增加一个管理层级，信息传递过程中失真的可能性变得更高。这是必须引起注意的。为防止管理层级增加引发的信息传递失真问题，需要加强前馈控制和反馈控制两个环节。辅导员应当将部分精力用于确保管理精确性的监督检查工作。

管理团队选拔问题。人员任免是班主任团队化管理执行过程中的关键一步。由于班主任的选拔涉及两方面人才，班主任团队管理人才和班级管理人才。尽管两者有相通之处，但从学生本身出发，对两者存在不同的身份认知，班主任角色分配要考虑到学生心理需求。

合理的集权与分权。提及管理分层，必然涉及工作权力的集分。一方面，可以将规范化、具有流程属性的规范化工作交由各团队自主执行完成。另一方面，对于特殊事务管理、需要辅导员掌握控制的请假事宜等需要辅导员把控。

四、高校兼职班主任的设置与管理

以自然班为单位设置兼职班主任，每班配备一名。各院（系）学生工作办公室具体负责本院系班主任的管理工作。任期一般与所带年级学制一致。聘任时向应聘教师颁发证书，明确任期、工作职责等事宜。

同作为大学生思想政治教育工作者，他们与班主任的作用不同，兼职班主任是指在高校各班级配备学历层次高、专业指导性强的骨干教师。他们将依托专业优势，负责指导学生学习、成才。

（一）对学生进行思想品德教育

经常深入学生了解情况，每周抽出一定时间与学生谈心，掌握学生基本情况，及时了解学生思想动态，对在学习、心理、生活等方面存在突出问题的学生要随时关心、教育和帮助；坚持思想灌输和人格影响结合，做到以身作则、率先垂范。

（二）对学生进行学业指导

帮助学生端正学习态度，明确学习目的；指导学生的专业学习；指导学生开展科技创新活动，培养学生独立思维能力和创新能力；指导学生做好职业生涯规划、考研准备、择业就业等工作。

（三）对学生进行行为引导

教育学生严格遵守国家法律法规和学校的各项规章制度，自觉遵守社会公德和大学生行为准则等。

（四）对学生进行身心健康教育

重视学生心理素质的培养，关注特殊群体心理健康问题，优化个性结构，注重心理疏导，塑造健全人格；指导学生参与有益于身心健康的体育、文艺、科技活动和各种社会实践活动，培养学生自我教育、自我管理、自我服务和自我完善意识。

（五）做好学生管理工作

协助班主任做好学生干部的选拔、使用和培养，以及学生综合评定、奖学金评定、助学贷款申请、困难补助发放、勤工助学等工作。

五、高校兼职班主任的定位

（一）班级工作的管理者

小到每一个学生，大到整个班级的各个细节和工作都离不开大学班主任的指导和决策。

（二）班级规划的制定者

一个优秀的集体离不开合理有效的规划，大学班级的合理规划可以促进良好班风和学风的建设。

（三）大学生思想政治教育的指导者

新时期大学生在思维和生活方式上呈现出许多新的特点，如何对他们进行思想政治教育对班主任来说是一个很大的挑战。班主任在这方面发挥着指导者和领路人的作用。

（四）社会、学校、家长和学生四方主体的联络者

大学班主任及时地综合和处理各方的信息，起着有效结合和反馈的桥梁纽带作用。

六、高校兼职班主任工作中存在的主要问题

（一）主职和兼职工作的冲突

大部分高校班主任以兼职为主，多为青年教师，他们容易深入学生，形成亦师亦友的师生关系，但他们平时教学科研任务重，工作生活压力大，特别是青年教师的思想波动较大，有时会无意间带着消极情绪去工作，从而导致工作效果很差。

（二）学生管理容易出现多头管理的矛盾

与中小学生以班主任管理为主相比，大学班主任的管理方式完全不同。大学班主任一般将班级的具体事务下放给以班长为中心的班干部，实现学生自治，班主任只起到辅助和重大事件的决策作用。作为整体班级的管理又以专职班主任为中心，班主任与学工部、团委等相关职能部门为辅助。这就容易造成各方的工作职责不明晰，遇到具体事项往往出现协调不一致或者多头管理的矛盾。

（三）岗位培训机制不健全，培训工作相对滞后

针对大学兼职班主任工作的岗位培训机制目前还很不健全，而且大部分兼职班主任由于各自专业的不同，导致个体间的管理能力也有很大差异，容易导致同专业同年级的不同班级的管理效果出现参差不齐的问题。

（四）兼职班主任的岗位收入偏低

兼职班主任由于工作性质的原因，每月的补助一般在 100～300 元，所得与付出存在严重的比例失调，而且目前大部分高校没有制定针对班主任的绩效奖惩机制，容易造成绩效考核"大锅饭"问题。

七、高校学生兼职班主任的作用

经过调查了解，实行学生兼班制度是为了加强本科一年级学生的教育与管理，帮助本科一年级学生尽快适应大学的学习和生活，建设良好班集体，培养优良学风，同时培养锻炼高年级学生的组织、管理工作能力，在各个方面起到模范、引导、传达、监督、发掘作用，不仅体现出学院"理论与实践相结合""学以致用"的办学宗旨，而且作为政治辅导员与学生的信息动态交流的桥梁。从调查中可以看出有 65% 的学生肯定兼职班主任对学生生活所起的帮助作用，55% 的学生认为兼职班主任对其思想及学习有帮助，由此可见，大部分学生还是认同兼职班主任的作用的。

学生兼班运行体制主要在以下几方面存在不足：第一，责任心不够。开始时工作充满热情，后来就干脆放手不理，导致新生班级纪律松散。第二，学生兼班之间沟通不够。缺少交流沟通，按照自己的意愿去办事，容易误导学生。第三，奖惩制度没有兑现，学生兼班积极性没有充分调动起来。第四，管理和培养不是面对全体同学，而是针对少数学生。据调查，发现兼职班主任工作存在的不足体现在以下几个方面：①有些学生申请担任学生兼职班主任的动机不够单纯，并不是以带领、管理、引导新生和协助行政年级辅导员管理工作为主要目的；②在学习上，欠缺以身作则的行为，没有结合实际向新生传授自己的学习经验和指明方向，激起学生学习兴趣；

③在生活上，没有真正加入学生群体了解新生的思想动态，没有为学生提供相互认识、改善礼貌礼仪的平台；④在课外实践中，主题活动的组织目标和计划不明确，欠缺让学生相互交流、共同合作、共同进步的平台。更重要的是：缺乏与行政年级辅导员的沟通交流，对上传下达的重要性不明确，堵塞了学生与年级辅导员的交流渠道。

八、兼职班主任在高校学生工作中的作用

班主任是学生知识的传授者、思想的塑造者、品德的培育者、生活的指导者和学生身心健康的关注者。大学生刚进入大学校门，会遇到很多需要解决的问题。班主任自身的品德、言行对学生潜移默化地起着感染、诱导和示范的作用，这就要求班主任必须在政治素质、业务学习、文明礼貌、心理素质、敬业精神等方面为学生做出榜样。为了对学生产生一定的号召力，班主任必须首先提高自身的素养，用自己的言行教育学生。要求学生做到的，自己首先做到；要求学生不做的，自己坚决不做。须知"身教重于言教"。其次，班主任要努力学习，具有较完备的知识体系。大学生求知欲旺盛，他们崇拜知识，鄙弃无知，兼职班主任同时是专业任课教师，渊博的知识不但会增加自己的人格魅力，同时也可以激发大学生努力学习的欲望。

大学新生离开了家人，来到了大学，在充满了兴奋、好奇、新鲜感之余，却发现自己很难适应大学新生活，常表现出很难与人相处沟通，失望、悲观、压力大等情况。在这个时候，班主任要主动跟学生沟通，新生到校时会或多或少地产生失落感。当踏入大学门槛的时候，发现大学生活远不如自己想象的那么好，这时候，理想与现实之间就出现很大的差距。大学生到高

校读书，学习方式改变了，由被动学习到自主性学习，从固定的教师和教室，到不停地变换教室和教师；学习目标改变了，从以考上大学为目标到以就业为目标的学习。巨大的变化让大学生感到无所适从，甚至有部分学生一入学就极为放松，到大四突然要面对就业和毕业的压力，变得更加无所适从，其中的思想转变需要班主任指导、监督。很多同学无法包容别人，无法过集体生活，无法跟同学相处，使学生感觉困惑。严重的会造成学生心理障碍，如不及时疏通，会造成严重后果。班主任的工作是帮助大学生尽快进入状态，提高独立生活和跟同学友好相处的能力，使他们对自己的大学生活有个整体规划，设定长期理想和短期目标，使学习生活井然有序地进行。

班风是指一个班的精神面貌，它是经过长期、细致的教育和训练逐渐形成的一种风气。对外它是班集体的形象，对内它是一种氛围、一种无形的力量。同班的学生朝夕相处，彼此影响，也会有"多米诺骨牌效应"，荣辱与共，所以班风对学生的成长有显著影响。一个有良好班风的班集体，一定是一个积极向上的好集体，好的班风一旦形成，它就是最好的"班主任"，它会无时无刻不去督促每一位同学进步，所以，加强班风建设是做好兼职班主任工作的重中之重。兼职班主任由于有专业优势，在学风建设方面一定要发挥积极的作用。以巩固专业思想为主线，充分激发学生的主观能动性，确立学习的最佳目标，建立切实可行的互助和激励机制，提升全班整体学习能力和水平。

作为兼职班主任，不能将精力全部放在班级管理上而忽视教学工作，二者必须并重。让班干部自主管理班级事务，可以充分发挥他们的桥梁和纽带作用。我们可以在学生民主推荐的基础上，把工作逐渐下放到组织能力强、工作认真负责、人际沟通能力强的班干部手中，给予充分的信任，并对他们加以正确的引导，使他们成为班主任的得力助手。通过实践证明：班干部能够很好地组织整个班集体，组织大量的相关文娱、体育活动，调动同学们的积极性，协调教师、学校与学生的关系；参加工作之后，这部分班干部也更容易适应社会，能更好地完成单位领导交代的工作。

九、高校兼职班主任工作的对策和建议

（一）改进班主任选拔及考核工作

优先选拔责任心强、工作能力突出、压力较小的教学及教辅人员加入班主任队伍。同时，为避免优秀人才流失，对以往考核优秀的班主任任期满后要采取相应的挽留机制。学校要制定完善的班主任考核制度，从学生、学校、班主任本人等多角度对班主任工作进行考评，避免流于表面的形式主义。

（二）建立统一的学生管理体制

高校应该从自身情况出发，建立上下一致的学生管理体制，避免多头管理造成的混乱、无序管理。

（三）开展各种形式的班主任培训

要采取定期与不定期相结合的方式开展各种形式的班主任培训。在学期前、中、后定期开展班主任培训活动，邀请专家或者是优秀班主任进行交流和讨论，针对兼职班主任可能存在的工作态度及工作方式方法方面的问题和欠缺进行专题培训。

（四）提高班主任岗位收入，引入绩效奖励机制

学校应适当提高岗位补贴，同时引入激励机制，实现多劳多得、责权利一致，这样才能充分调动全体班主任的工作积极性，提高他们的工作效率。

十、专业教师兼职班主任在学风建设方面的研究

专业教师兼职班主任在学风建设方面的优势体现在以下方面：第一，专业知识过硬，在本专业的某个研究方向有一定的研究和造诣，对本专业目前的研究方向、发展前景及就业形势有较为清楚的了解。第二，承担着专业课程的教学工作，对学生的学习目标、学习态度、学习纪律、学习兴趣等有较为直接的把握。第三，有丰富的学习经历，有一套较为科学合理的学习方法，能有效地帮助学生掌握科学合理的学习方法。第四，有科研项目资源，能带领和指导学生从事科研课题研究。第五，为人师表，能树立榜样。专业教师对某一领域有着较为深入的研究和造诣，易于在学生中树立榜样，起到模范带头作用，能成为学生信服的对象。

专业教师兼职班主任在学风建设方面的劣势体现在以下方面：第一，角色定位模糊，对学风建设的重要性认识不够。专业教师兼职班主任是介于专职辅导员与一般教师之间，既不以学生工作为职业，又在学生工作中起着不可或缺的作用。第二，从事学生管理工作，学风建设经验不足。第三，承担着繁重的教学科研任务，学风建设精力不足。专业教师兼职班主任承担着较为繁重的教学与科研任务，面对着巨大的教学科研压力，部分教师对担任班主任工作忧心忡忡，怕耽误自己的教学科研工作，有的教师甚至敷衍塞责，对系统全面开展学风建设缺乏充足的时间和精力。

利用专业优势，使学生明确学习目标。学生在学习中通常会因为对专业发展方向和就业前景不了解，出现学习目标不明确，学习动力不足或是丧失学习兴趣的现象。在高校担任班主任的专业教师很多是专业骨干教师，有的甚至是专业学术带头人、教研室主任和本专业的专家，他们对本专业的研究方向、发展前景及就业形势有较为清楚的了解，这非常有利于专业教师兼职班主任在日常学生管理和工作中为学生分析专业前景及就业形势，从而进一步使学生明确学习目的，增强学习动力。

利用专业课程的教学，提高学生学习兴趣，规范学生学习纪律。专业教师兼职班主任通常都担任所带班级专业课程的教学工作，这不仅增加了班主任和学生沟通交流的机会，而且班主任可以利用课堂教学的机会。例如，通过板书设计、课堂活动、实践教学等途径，提升课堂教学方法的科学性、丰富课堂教学形式的多样性，增强课堂教学内容的趣味性，从而进一步提高学生的学习兴趣，增强学习积极性。同时，班主任也可以通过课堂教学，对学生的学习纪律起到监督和规范的作用。

利用学习经验，改善学生学习方法。在高校担任班主任的专业教师大部分都通过了硕士研究生、博士研究生的学习，取得了硕士或博士的文凭，因此在专业学习上必定有着较为科学合理的学习方法，这有利于班主任对学生进行学习方法的指导，从而进一步改善学生的学习方法，提高学习效率。

利用科研项目资源，培养学生的学习兴趣及创新能力。专业教师兼职班主任在专业知识方面有较深的研究，且在不断进行科研工作，可以接触到前沿的学科知识，拥有大量的科研项目资源，因此可以将学生纳入科研团队，能很好地指导学生进行科学研究，能够锻炼学生的创新能力，并且能够很好地培养学生的学习兴趣。

利用自身榜样作用，提高学生文明素养。专业教师兼职班主任在某一个方向有一定的研究和造诣，在学生中容易树立较高的威信，可成为学生学习的楷模和榜样，其言行举止，工作方法及师德、师风直接影响着学生的行为，影响着学生对学业的态度及文明素养。因此在班级管理中，班主任要抓住各个环节，有效发挥师德师风的楷模作用，不断影响学生的行为，提高学生文明素养。

加强培训，提高学风建设水平。采取集中培训和讨论交流相结合的方式，弥补专业教师兼职班主任在学生教育管理方面经验的不足。例如，可以定期举办系列讲座学习或研讨会，针对专业教师兼职班主任在实际工作中遇到的困难进行专题讲座和培训。加强专职辅导员与专业教师兼职班主任的经验交流，可以通过各类形式的交流活动，共同探讨学生教育管理的方法与技巧，从而提高专业教师兼职班主任的管理能力，提升学风建设的水平。

注重协调，合理配置时间。专业教师兼职班主任承担着大量的教学和科研任务，再加上兼职班主任的工作，压力很大，这需要加强各方面的协调。首先，专业教师兼职班主任在日常学生教育管理工作中，应注重培养一批信得过，有口碑、可以依赖的学生骨干，开展积极有效的学风建设。其次，充分把握各种班会、团日活动、主题活动等班级集体活动的机会，开展学风建设的活动。再次，可以充分利用自己的科研项目，将学生纳入科研项目中来，成立科研课题小组，可以让学生协助自己开展课题研究，又能指导学生的学习方法，从而提高学生的科研能力，培养学生的学习兴趣，锻炼学生的创新能力。最后，合理配置自己工作时间，对教学、科研、学生工作三部分做详细的计划安排，将学风建设贯穿于三项工作当中，摆在日常工作当中的重要位置。

十一、兼职班主任如何选拔和培养班干部

（一）慧眼选班长，并充分发挥班长的作用

班长是班级的指南针，是学生的领头羊，班长在很大程度上代表了班级的形象，他的重要性非同小可。所以，从学生入校报到开始，班主任就要细心观察学生的言行，精心挑选首任班长。一般情况下，绝大多数学生报到完后就忙自己的事去了，下一步就是等着教师的安排。但笔者遇到这样一个学生，他忙完了自己的事后很有礼貌地来到笔者跟前，介绍了自己的名字，然后问教师有没有什么事需要他帮忙，通过观察和了解，笔者得知他在高中曾当过班长，且这次进校成绩名列前茅，言谈举止非常有礼貌，后来笔者将学生入校前的档案仔细过目、分析，挑选他成为这个新班的首任班长。在正式上任前笔者与他进行了单独的谈话并提出了具体的要求，后来的工作证明笔者的选择是非常正确的。在他的影响下，我班学生各方面表现都非常上进，班上的工作也做得有声有色，他因为出色的表现还竞选成为校学生会主席。

（二）树立骨干班干部的威信，加强班干部队伍的建设

在班干部和学生中，注意强调班长、副班长、团支书作为班干部的骨干及核心作用，班里的主要事情，由这个"核心"商量决定，班主任要充分信任这个"核心"，班里的日常事务，不是大的原则问题，他们一般都能解决。比如，参加一些单项活动、出黑板报、班费100元以下的使用等，

可以由这个"核心"来决定，不必先请示班主任再做决定，只需经常向班主任汇报班里各项动态即可。班主任要全力支持班干部开展工作，遇到困难和阻力要帮助解决，要说服其他学生服从班干部的管理；对班级工作的重大事情如班干部的调整、学校重大活动的参加等，班主任要事先找"核心"商量，再征求其他班干部的意见，逐步形成"核心"能解决的问题班主任就不要事事插手，使班干部都能团结在"核心"的周围。

（三）其他班干部分工不分家

班委成员确定后，在班主任的具体指导下对全班的学习、文体、卫生和生活等方面各负其责，协助班主任和其他任课教师搞好教学和班级其他工作。但他们不是单一的个体，在平时的班级活动中，他们要团结一心，不能认为不是自己的事就不管，要培养他们的协作精神，就算是一项简单的班级活动，并不要求班上的每名学生都参加，但我要求班干部必须人人都到场，遇到一些突发事件，要求他们齐心协力，妥善解决；同时如果某位班干部临时有事，其他班干部要及时顶替他的工作，避免出现工作的间断或不及时而引起的诸多不顺。

（四）依靠班干部沟通信息，保证工作及时到位

班干部与广大学生朝夕相处，彼此了解，能从学生的言谈举止中了解到全班学生在学习、生活中的一些情况，一旦发现有不良思想苗头和行为倾向，他们及时向班主任汇报，使班主任把住了学生的"脉搏"，及时、主动地把各种矛盾消灭在萌芽状态，杜绝违纪情况。

十二、高校行政人员兼职班主任

高校行政人员包括行政、教务、后勤等多个管理和服务部门的人员，高校行政人员的日常工作就是为高校师生的学习、生活提供支持，为高校的有效运行提供保障。

有关数据统计，某高校的辅导员和学生配备比例远远高于国家相关文件规定的 1 ∶ 200 的比例。由此证明，专职辅导员的需求缺口大，填补这一缺口的办法之一就是配置大量兼职班主任。目前很多高校都从行政人员岗位调动、配置了兼职班主任，收到了良好的工作效果。行政人员作为兼职班主任受到了学生的认可和欢迎，解决了目前学生工作队伍建设面临的困难。

在行政人员兼职班主任的选聘工作中，存在以下几种情况：有的是自愿报名，希望通过兼职工作提高自身的能力；有的是所在部门推荐，为了完成学校下达的指标任务；有的是为了晋升职称、职务的需要。部分行政人员没有充分认识到兼职学生管理工作的重要性，把这项工作作为临时性的工作应付；有的行政兼职人员所在部门领导重视不够，有时他们占用工作时间处理学生工作，得不到领导和同事们的支持和理解，这都会对兼职工作造成一定的影响，不利于兼职班主任安心工作。

行政兼职班主任因较少经过专职辅导员专业化、系统化的培训，缺乏对大学生群体特点的认识，缺乏学生工作的经验，尤其在处理各种突发事件时，无法有效地开展针对性的思想教育工作。学生工作具有一定的专业性，需要工作人员有一定的专业背景和相关经验，有些学校和用人单位对行政兼职辅导员没有进行必要的岗前培训，他们在处理具体任务中会影响工作成效。

各高校之间对行政兼职班主任考核存在一定的差异。大多数学校对各个系列的专职岗位有具体的考核指标，但对兼职工作的考核标准还比较薄弱，对兼职班主任也只是规定兼职任务和要求，没有明确的考核体系，更没有将考核结果和个人职务职称晋升挂钩，这客观上造成了干好干坏一个样。

如何在行政人员本职工作任务重、空余时间少的情况下，更好地发挥他们的优势，提高工作的效率和质量，是各高校应重视的问题。高校应该从学校层面、行政人员所在部门等多方面给予正确指导，采取积极措施，加强行政兼职班主任队伍建设，提高他们工作的实效性。

（一）行政兼职人员要形成良好的角色认知，全面提高自身素质和工作效率

首先，行政兼职班主任要站在培养合格建设者和可靠接班人的高度，充分认识兼职工作的重要性，要做好大学生的政治引路人，成为学生成长成才的教育者、管理者、服务者。其次，要合理安排时间，完善工作方式方法，承担起兼职工作的责任。学生工作有不少是常规和例行工作，行政兼职班主任可以提前制订计划，合理分配好工作的时间，做到统筹兼顾，相互促进。

（二）加强行政兼职班主任的岗位培训，提高其职业技能

学生日常管理工作有一套自己的管理模式，是经过长期的摸索总结而成的。而行政人员主要从事行政事务工作、行政管理工作、党务工作等，虽然主要服务对象是教师和学生，但在学生管理方面缺乏经验，在处理学

生工作特别是各种突发事件时，无法较为有效地利用科学方法和手段对学生进行疏导、管理和思想教育。为此，高校应加强对行政兼职班主任的培训力度。一、加强政治理论学习，正确把握思想政治工作的方向和目标。二、加强心理学和教育学等方面的知识的学习，使其了解大学生成长的规律，掌握教育引导学生的基本方法。将学生中出现的难点和热点作为案例，根据自身工作经验和所学，尝试去解决这些问题，做到理论与实践的结合。

（三）完善管理制度，建立科学有效的评价机制

目前，许多高校没有建立完备的行政兼职班主任工作的考核评价体系，对他们工作的考核要么流于形式，要么强调过程而轻视效果。因此，需要建立合理的工作评价体系。对行政兼职班主任实行规范化的管理，突出辅导员管理育人的地位和作用，有利于调动他们的积极性，促进辅导员工作的专业化、规范化、职业化建设。一、根据兼职班主任工作的特点，合理折算工作量，做到定量与定性相结合，短期考核与长期管理相结合。二、将行政兼职班主任工作的业绩作为他们各项评优的重要条件之一。三、学校应适时地制定合理的物质奖励措施和政策，解决行政兼职班主任的生活、福利待遇等问题。

十三、专业教师担任兼职班主任

专业教师担任兼职班主任，相对辅导员能够更好地帮助学生领会理解专业培养方案、培养目标和行业培养要求等。根据学生在校学习不同阶段特点，兼职班主任可以有针对性地进行专业引导，让学生尽快熟悉与适应大学的学习及生活方式。

新生入学阶段：新生在入学前对自己所选专业的情况基本不了解，更

谈不上树立专业理想目标。进入大学后，新生渴望及时了解本专业的具体情况和未来发展趋势，以便及早制订出自己的学习目标和学习计划。由于辅导员负责人数较多，专业背景不相同，所以很难有针对性地对学生进行专业性指导，在这种情况下，具有专业背景深厚的兼职班主任便脱颖而出，他们能够帮助学生解决学习上的困惑，激发学习兴趣，建立专业归属感，及早了解本专业需要掌握的内容和社会需求，树立自己的专业理想。

在校学习阶段：兼职班主任可以利用自身的专业优势，与学生密切接触，督促学生顺利高效地完成自己的学业，帮助学生解决专业思想问题和学习上遇到的实际问题，促使学生有方向、有目的地学习。兼职班主任大多数都是从事科研工作，严谨的科学态度、丰富的科研经验、科学的学习方法会对学生的学习方法和学习态度形成重要的影响。兼职班主任可以结合自己的科研和教学给学生提供打开学术之门的钥匙，有利于高校学生创新意识和创新能力的培养，有助于学生在学术殿堂上走得更深、更远。另外，兼职班主任还有根据专业特点引导学生如何选课，鼓励学生多参加竞赛和社会实践等。

毕业阶段：根据学生的个人能力和爱好，兼职班主任引导学生提前进行毕业论文的选题确定、资料收集、开题讨论、实验准备等工作，提高学生思考问题、分析问题、解决问题的能力，为将来走上就业岗位打下坚实基础。由于兼职班主任对班上的每个学生的性格特点、家庭背景、学习成绩都有一定的了解，对于学生中学习成绩较好、英语水平较高、对专业课比较感兴趣、喜欢科学研究、性格适合静下心来做学问、家庭条件能够承担继续学习的学生来说，可以建议选择继续深造。兼职班主任可以向其他的科研院所或高校推荐学生，或指导学生报考研究生。兼职班主任可以建议成绩一般、不喜欢从事研究的学生毕业后积极就业。

班风学风是班集体的一种精神面貌，是经过细致、长期的熏陶和教育逐渐形成的一种风气，对外来说是一种班集体的整体形象，对内来说是一种氛围、一种无形的力量。但是目前随着网络的普及、社会环境的变化、信息文化的广泛传播、就业压力不断增大、享乐主义和金钱至上等盛行，极大影响了高校的班风学风。由于担任兼职班主任的都是专业骨干教师或年轻有为教师，他们成了学生学习和效仿的楷模，通过言传身教，特别是面对面的知识交流，会对学生的学习方法和学习态度产生一定的影响，有利良好班风学风的形成。

当专业教师给本班学生上课时，利用课余时间可以与学生交流和沟通，这样专业教师会有更多的时间了解学生，为今后顺利开展工作奠定一定的基础；同时，能根据每个学生的个性和特点有针对性地进行思想政治教育。专业教师担任兼职班主任，能在完全了解班级具体情形下选拔班、团干部，培养和组织一支有较强工作能力的班委队伍，使其成为自己的得力助手，从而有助于班级管理工作的顺利开展。对于班级和学生之间存在的问题，专业教师比较了解班级情况，能够透彻地分析问题所在，并在第一时间避免或纠正不良现象，正确引导学生的言行举止，有助于班级管理工作的全面开展。

十四、专业教师担任兼职班主任的劣势和对策

目前，高校对专业教师和兼职班主任的期待和要求是不同的，侧重点也不同。专业教师需要按照教学计划传道授业，合理安排教学内容，了解

本学科的最新动态，深入研究本学科领域相关专题研究，还要撰写论文、编写教材、展开课题研究等，提高自身的科研水平。简言之，一名优秀的专业教师不但要投入大量的时间和精力，把握本学科前沿和动态，还要勤于学习继续研究。作为兼职班主任，是在学校学生处的领导下，把握学生动态，开展细致入微的学生工作，并协助辅导员开展日常管理工作。同样，班主任工作也需要花费大量的时间和精力，更需爱心和耐心。显然，在精力和时间有限的条件下，专业教师和兼职班主任的角色冲突很难避免。对于责任感强和事业心重的兼职班主任，在特殊时期角色冲突更为严重。

当前学生发展的多元化对兼职班主任提出了更高的要求，虽然有些青年教师的专业能力已经达到一定水平，但是在处理学生事务时还缺乏经验，这是我们青年教师急需解决的问题。目前，一些高校委派刚参加工作的青年教师兼职班主任，对于他们来说，刚刚走上工作岗位，对教育教学的实践缺乏足够的认识和实际操作经验。大部分专业教师为非师范专业毕业，没有系统学习过心理学、教育学和管理学等，因此，高效地开展大学生思想政治教育和日常管理工作会有些挑战。部分新上任的班主任没有接受过相关知识的培训，整体上缺乏思想政治教育工作和学生管理的经验。

专业教学与引导学生、了解学生思想动态、进行思想教育有机结合。教学、科研和班级管理相结合，班主任的科研工作吸引学生参加，通过与学生较多接触，可以了解学生学习、生活状况，同时也可以降低班主任的科研强度，腾出更多的时间处理班级事务；与企业进行技术交流与合作与学生实践相结合，锻炼学生实践能力，开阔学生视野，为将来就业铺路搭桥。学生工作是学校教育工作重要的一部分，班主任应该认识到教育工作是服务社会、培养人才的一份有价值有意义的工作，应该对自己的工作产生崇高的自豪感和深厚的热爱之情。

在选拔、聘任兼职班主任后，被选聘的班主任要做到先培训后上岗，坚持日常培训和专题培训相结合；每年可以组织班主任轮流参加社会实践和学习考察，使班主任拓宽思路、开阔视野，提高解决学生问题的实际能力。任何职业的发展都离不开对其专业化、职业化水平的提升，一支专业化水平高和职业化素质高的学生管理队伍，对于高校学生管理工作尤为重要。与时俱进，关注时事热点、娱乐、生活等各方面动态，用年轻的心态站在学生的角度考虑问题，缩小甚至消除与学生之间的代沟。

总之，高校兼职班主任在学生工作中起到的作用不可低估，要高度重视这支队伍的管理与建设。要全面发挥专业教师担任班主任的优势，取长补短、克服目前困境。

十五、专业课青年教师兼职班主任

青年教师兼职班主任，对于指导和教育大学生、提高青年教师自身素养以及对专业建设，都有很大的优势和意义。

青年教师与大学生年龄差距不大，对于学生的思想和行为比较了解，与学生有共同的兴趣、爱好和话题，更容易以朋友而非长辈的身份和学生交流，拉近师生之间的距离，走进学生学习和生活，对学生进行更为细致入微的关心和教育。

青年教师一般具有硕士以上学历，具有丰富的专业知识和技能。作为班主任，不仅可以在课堂上以专业课教师的身份传授专业知识，而且可以利用平时班会、下宿舍和个别谈话时间，有针对性地给学生们普及相关专业知识，解决他们专业方面的疑难和困惑，帮助他们进行选修课程的选择，引导他们参与到自己的科研课题中，指导他们撰写科研论文。

这可以大大增加学生对专业的兴趣，增长课本以外的实践能力，培养学生的科研素养和创新意识，从而树立正确的学习目标，建立良好的班风。而这些都是需要平时大量的时间和精力的投入，需要对学生性格、学习水平、做事能力有清楚的了解，并有针对性地进行引导才能做到的，没有专业背景的班主任无法做到，非班主任的任课教师也无法做到。

作为班主任，了解学生的学习情况非常重要。兼任班主任的青年教师一般会给自己班级同学上课，对他们的学习情况最清楚不过，并可以及时对他们进行督促，和他们进行交流。对于其他不是自己上的专业，也可以通过同院系同事之间的交流，来了解班级学生在其他课程上的表现，有利于发现学生学习上的问题，及时纠正和弥补。

年轻教师大多毕业时间不长，对本专业考研和就业形势相对熟悉，能够结合自身的经历对学生开展就业指导。针对每个学生的特长和优势，及早指导学生进行职业规划，并有计划地实施。避免学生入学后漫无目的地把时间浪费在不必要的事情上，也避免到了高年级大家都盲目跟风考研、考公务员，使学生毕业后都能找到适合自己发展的位置。

青年教师一般任教时间不长，教学水平和教学风格还需要逐步提高。担任班主任，可以通过和学生紧密的联系和交流，及时发现自己在教学活动中的不足和长处，不断提高自己的教学水平，丰富教学手段，使自己的讲课得到更多学生的认同。

目前，高校对青年教师普遍施加了较大的科研压力，要在完成上课、学科建设、实验室建设等工作之余，拿出很大一部分精力来做实验、写论文、申请科研课题。而青年教师大都不具备研究生指导的资格，光凭一己之力，完成上述工作显得有些力不从心。通过担任班主任，可以从本班学生中挑选具备良好专业基础并富有创新精神的学生，参与自己的科研课题，从而减轻自己的科研压力。

众所周知，近些年来的大学扩招，导致很多学校教师配备严重不足，尤其是学生管理人员。聘用专业教师兼任班主任，可以有效解决学生管理人员不足的问题。

专业教师兼职班主任，不仅可以在生活方面给予学生关心和帮助，更可以在学习、专业引导、考研、就业等一系列问题上给学生全方位的指导，而这些问题是学生更加关注和困惑的问题。解决了这些问题，学生才能真正认真上课、努力学习、积极参加各种有意义的活动，才能有效减少心理问题，安定学生思想。

十六、青年教师兼职班主任的困难及对策

青年教师毕竟工作年限短，且大部分教师都是从非师范类院校毕业，没有受过专业的师资培训，对学生管理方面有些经验不足。尤其是刚开始担任班主任时，由于不太擅长和学生打交道，面对班级中发生的各种问题可能无从下手，虽满腔热情地付出很多时间和精力，但由于没有建立起跟学生有效的沟通渠道和方法，收效甚微。

针对这种情况，学校应该组织刚担任班主任的青年教师进行培训。组织培训人员应是长期担任学生管理工作的、经验丰富的学工人员，培训的内容也应具有较强的实践性和可操作性，而不是纯理论上的指导。同时，还应该定期或不定期组织交流活动，一方面大家共同学习和交流经验，另一方面也让班主任了解自己班级和其他班级相比的优势和差距，更好地进行班风建设。

班主任工作对于青年教师来说，只是兼职，其最重要的工作却是教学和科研活动。随着高校对青年教师要求的不断提高，他们从开始任教就没

有任何放松的机会，需要承担繁重的教学任务，并努力创造科研成果。而目前高校职称评定和工资待遇，均非常紧密地与科研水平和成果挂钩。而兼任班主任工作，只能作为一般事务性的工作，在职称评审表或其他奖励申报表中起到点缀的作用，这使得担任兼职班主任这项工作缺乏成就感。有些学校并不太重视班主任工作，对于兼职班主任的人选也是随便指定，给的待遇也比较低，当然也没有什么考核指标。在这种情况下，班主任当然不会付出太多的时间和精力，有的班主任甚至四年下来，连班上的学生都认不全，对学生进行必要的指导和教育更是无从谈起。这使学生在大学成长的过程中少了必要的关心和指导，可能会多走弯路，甚至产生心理问题、厌学问题、走上犯罪道路，对于学校来说也是一种不稳定的因素。学校如果建立起班主任考核的指标和体系，并适当提高班主任待遇，让他们知道做兼职班主任也和做其他工作一样，投入得多就会收获得多，进而充分发挥自己的优势，更加努力地去做一个优秀的班主任。以南京林业大学为例，我校已经建立一整套班主任考核的量化指标，从下宿舍和开班会次数、学生对班主任评价、宿舍卫生、班级考试优秀率、英语四六级通过率、考研率、就业率、学生参与课题与发表文章、获奖等各方面对班主任工作进行全面考核并量化评分，每年学公布一次，作为评选优秀班主任的标准，做到公平公正地评价班主任工作，同时班主任也可以从评价指标中了解自己的工作内容和重心。在班主任待遇方面，我校将班主任津贴和每学年的班主任考核挂钩，优秀者可以拿到更高的津贴，还可以获得额外的院级和校级班主任的奖励，大大提高了青年教师担任兼职班主任的积极性。

第二节　高校助理班主任管理研究

近年来，在高年级学生中选拔优秀学生担任大一新生的助理班主任，已经成为越来越多高校的选择。从总体上看，高校助理班主任的设置，有利于增强学生管理队伍的力量，有利于更深入细致地做好学生工作，有利于探索学生管理的新方式，是有价值的探索和实践。当然，助理班主任队伍的设置与管理，正处于摸索阶段，在实践中还有不少问题需要探索和总结。

一、高校助理班主任制度概述

助理班主任是学校党组织领导下的、协助辅导员和班主任做好班级建设和班级事务的兼职组织者和管理者。高校助理班主任制度是在校大学生自我锻炼成才、促进学生全面发展、提高学生管理质量、增强学生"自我管理、自我教育、自我服务"意识的途径之一，也是大学生管理和教育的重要内容之一。

学生助理班主任大多从高年级学生（包括研究生）党员中公开选聘，先由个人书面申请，经党组织考察、公示后，最后由学院聘任，报学生部（处）备案。一般在大学一、二年级，每个学生班级配备1名学生助理班主任，聘期为1年，在任期内原则上不能更换。如果确需更换，要经上级党组织批准并安排好交接工作后方可离任。在同等条件下，学生助理班主任选拔优先考虑学生党员、学生干部和贫困生。

选拔学生助理班主任的基本要求包括：有良好的政治思想素质，具有坚定正确的政治方向和政治立场；学习成绩良好，身心健康，责任心强，工作踏实，严于律己，有良好的群众基础；有一定的组织活动能力，有较强的集体主义观念和无私的奉献精神。

学生助理班主任的任务主要包括：协助学院和班主任搞好新生的"迎新"工作，引导新生熟悉校园环境、适应大学生活；配合班主任和辅导员教师完成新生的入学教育和军事训练任务；指导学生搞好寝室的内务整理和卫生；帮助学生明确学习目的、巩固专业思想、勤奋学习、努力完成学习任务；协助学院和班主任选拔和培养学生干部，抓好班风建设，组织学生开展各种健康、有益的活动；关心、爱护学生，深入到学生中了解学生的学习、生活情况，帮助学生解决实际困难；了解学生的思想动态，协助学院和班主任处理学生中的突发事件等。

二、高校学生工作助理队伍的概况

高校的全面扩招，引起了学生工作的升压，学生政工干部队伍面临着新的挑战和任务。为了适应高等教育发展的形势，各个高校针对本校的实际采取了应对措施。在这种情况下，许多高校都建立了一支学生干部队伍投入到具体的学生工作一线中去，充当联系学校各单位部门、教师、学生之间的纽带和桥梁。学生工作助理就像一支异峰突起的义军，是一股应运而生的新生力量，弥补了辅导员工作的不足，解决了工作不到位的突出问题，为高校学生工作的开展提供有力的保障。

（一）思想素质

高校的学生工作归根结底是育人的工作，高尚的道德品质是工作开展必备条件和行动指南。学生工作助理队伍主要由丰富的学生工作经验的学生干部组成，相当一部分是党员或预备党员，有较高的政治觉悟和思想品质，在具体的工作中充当领头羊的角色，并起到以身作则的作用，使工作得到有效的落实。

（二）工作能力

高校学生工作涉及学生的学习、工作、生活的每一个环节，是一项全面性的业务。学生工作助理只有具备洞察判断能力、全面把握能力和事务处理能力，才能更好地统管全局，深入工作中的各个环节，处理具体的事情。

（三）心理素质

在高校竞争激烈的社会环境里，学生工作面临着工作所带来的种种压力。因此学生工作助理必须具备优良个性与健全人格，时刻保持健康的心态，既知道如何工作，同时又有多方面的生活情趣，善用休闲时间舒缓工作压力，懂得寻求各方面的支持以避免心理失衡，才能适应工作发展的需求，才能适应高校繁重的学生工作。

三、高校实施助理班主任制度的思考

加大选拔工作力度，任用助理班主任向低年级倾斜。在过去的工作中，我们所派的助理班主任都是毕业班的学生党员，他们工作半年就将离校参加毕业实习，任职时间短，工作连续性差。可选派一名二年级、一名三年级的同学做一个班的助理班主任，这样可以达到老助理班主任带新助理班主任，形成可持续发展。

加强培养和管理。对所有助理班主任进行系统的岗前培训，提高他们的工作水平和素质；在整个工作过程中组织经验交流会，不断克服工作中出现的问题，宝贵的经验得到继承和发扬；在党员活动中，党支部要教育他们严以律己，为人正直，乐于奉献，以自己的人格魅力影响学生；建立考核制，督促助理班主任尽职尽责完成自己的工作。

处理好学习与工作的关系。作为学生，助理班主任同样有繁重的学习任务，同时要参加各种集体活动，有的还兼任其他职务，负担较重，要处理好几者之间的关系。

四、班主任助理角色的重要性

在高校中，学生工作主要由负责学生思想政治工作的班主任、负责学生专业教育的班主任和承担科研教学任务的任课教师承担。其中，班主任和专职班主任是学生的日常管理工作的主要承担者，全面负责大学生行为养成、学风建设、心理辅导等工作。由于大学与高中不同，无论班主任还是专职班主任都无法承担像高中教师一样"保姆式管理"的角色。"一对多"的管理模式是大学开放、自由、自主学习理念下的必然，但也使得单纯通过教师对大学生进行行为指导有了一定的局限。班主任助理作为学生工作者的重要补充，能够更加普遍、广泛地对大一新生进行指导，同时对新生提出更加细致、深入、有针对性的帮助和建议。

近年来，高校学生工作者的队伍建设成为大学管理工作的重要内容。随着班主任工作水平不断提升，专业化、职业化、科学化成为新要求，这些工作的根本目的都是让学生工作者真正走近学生、贴近学生、了解学生，设身处地、科学高效地为学生解决实际问题。但无论是班主任还是专职班主任，本质都是"教师"，而教师与学生之间的界限很难被打破。班主任助理就有着得天独厚的优势，作为高年级的前辈，同为学生，他们更能深入新生，体会他们的迷茫、焦虑和困难，分享自己的切身经验和教训，不仅从工作、学习上，更能从生活、心理上全方位地关爱新生，实现沟通、对话无障碍。

五、助理班主任的角色界定

助理班主任兼有学生和教师的双重身份。他们是学生，但又不同于一般的学生，承担着对一个新生班级的教育、引导责任；他们是辅导新生成长的小教师，但也不同于一般的教师，拥有的只是助理班主任的身份。只有角色定位清晰，权责明确，才能使助理班主任既敢于工作、便于工作，又不会出现越俎代庖的现象。

（一）职责

从总体上看，助理班主任的工作职责主要有：①帮助新生适应新环境，协助解决生活中遇到的困难。②做好班干部选拔、任用和培养工作，指导班干部开展工作。③引导学生有效应对学习。④深入了解学生心理状态及思想动态，保持有效沟通。⑤指导学生组织开展活动。⑥贯彻学校工作部署，根据学校要求，认真做好上传下达工作。

（二）作用

助理班主任担负着重要的工作，对低年级学生、班级和学校学生工作的开展具有重要作用：①新生的良师益友。助理班主任直接指导学生的学习和生活，引导学生走向积极的、正确的人生道路；直接指导学生开展各项有益的文体活动；直接负责监督班干部开展日常班务工作；直接帮助解决新生遇到的各种问题，是新生的良师益友。②学校学生工作的得力助手。

助理班主任担负的工作，特别是日常事务性工作，极大减轻了学生工作指导教师的工作压力。③学校与学生、教师与学生的沟通桥梁。助理班主任来自学生，活跃在学生中间，可以真实、准确了解学生中发生的各种情况，有利于学校、院系及时准确地掌握学生的思想动态，为学校有针对性地开展工作提供了重要的参考。

六、班主任助理的主要职责

在大一学年，新生们主要有两方面的任务：一是熟悉学校环境，完成从高中生到大学生的身份转变，适应大学开放、自主的生活学习方式。二是合理规划大学生活，做一个"明明白白"的大学生，为充实的大学生活奠定基础。新生面对五花八门的活动、丰富多彩的校园组织等一切未知的大学生活难免迷茫。这就要求班主任助理在新生入校后，带领新生了解校园环境，讲解生活、学习设施，介绍学院学科背景、发展前景。同时积极组织活动，让新生尽快找到归属感。并利用自身经历和学习经验，向新生介绍大学四年主要的学习任务和重要的时间节点，帮助新生进行大学生活的规划。

大一新生对大学迷茫且无知，像是一张白纸，虽可塑性强，但却很容易形成错误的大学观。一方面，受传统应试教育的影响，高中教师往往拿"进了大学就不用再痛苦学习"来"激励"高中生，导致很多新生进入大学后放纵自己，荒废学习；另一方面，在互联网、新媒体兴盛的时代，学生受到社会不良思潮的影响很大，"大学只为学历""读书无用论""毕业意味着失业"等观念都让新生变得功利、浮躁，甚至消极，这不仅不利于他们的学习和成长，更会导致不良价值观甚至不健全人格的形成。因此，班主任助理应传递正能量，帮助新生树立正确的大学观，使其积极对待大学生活，刻苦学习、充实生活，度过丰富多彩的大学四年。

培养一批积极向上、以身作则、能为集体热心做事的班干部对一个班级有着相当大的影响，甚至决定了新生大学生活的"幸福指数"。班委要选择一些品学兼优、责任心强、身体健康、乐意为同学服务的学生担任，并根据他们性格、能力的差异，安排相应的职务。因此，班主任助理在平时与新生相处时就应注意观察，深入交流，并尽快了解他们，发掘有领导能力和工作潜力的学生组成一支优秀的班委队伍。同时，班主任助理既要当好"伯乐"，更要当好"牧马人"，在日常班级工作中，对班委进行工作指导，帮助他们积极、高效地开展班级建设、学风建设、班风建设、实践创新等活动。

七、助理班主任实践中难解的问题

（一）扩招需要大量高素质的助理班主任与助理班主任素质难以适应工作需要的矛盾

助理班主任的设置一般采用一个班级或者一个专业配一个助理班主任的方式。高校扩招后，班级数量大量增加，所需要的助理班主任的人数也增加。助理班主任的最佳人选既要求学习成绩好，也要求学生管理经验丰富，工作热情高、能力强。但在实际工作中，一些助理班主任工作能力欠缺、服务水平不高、威信不高，眼界狭窄，造成指导错位、缺位、越位，影响了班级的建设质量和力度，也在一定程度上影响了新生的成长。

（二）助理班主任的工作需要持之以恒的工作热情与不少人热情迅速减退的矛盾

助理班主任的任期一般为一至两年，是一份长期的任务，这要求助理班主任必须时刻保持高度的工作热情，始终对工作一丝不苟，对学生保持一以贯之的关爱，以饱满的热情、良好的精神状态投入到每一个任务和工作细节中。然而，由于助理班主任工作的烦琐性，超出了其想象，一些助理班主任就会开始感到厌倦甚至烦躁，消极对待工作，严重影响了班级建设和发展。

（三）助理班主任需要足够的工作资源与掌握资源不多的矛盾

助理班主任开展工作，需要具有相应的工作资源和工作权力，包括组织活动的经费筹集以及惩罚权、奖赏权、干部任免权等。但是，受机制和现行高校学生管理模式的影响，助理班主任拥有的是建议权，工作资源太少，严重削弱助理班主任的工作热情和工作信心，影响新生对助理班主任的认同，降低工作绩效。

（四）助理班主任开展工作需要足够的权威与现实中权威不足的矛盾

作为助理班主任，他们需要运用威望和权力进行学生管理。但是，在实践中，由于助理班主任只是一个学生，并没有教师和班主任的权威和权力，很容易仅被新生简单当作师兄（姐）来对待。

八、助理班主任设置与管理的完善

（一）完善制度建设，做好选拔工作

完善、明确助理班主任的选拔条件和程序，做好助理班主任的选拔是管理好助理班主任团队的重要一步。完善选拔程序：①把好报名关。通过一系列明确的规定，在报名环节将那些德才兼备、工作能力强、工作热情高的学生干部纳入选拔范围。②通过笔试环节加强对学生的了解。③面试。笔试通过的同学进行面试。面试环节包括演讲、提问、评分。面试的内容要科学、全面，能够比较准确地反映学生的水平和能力。④公示。将候选人进行公示，接受其他同学的投诉和情况反映。

（二）做好助理班主任的培训

助理班主任的培训应该包括大学生心理健康的培训、新生日常事务流程与解决突发事件的培训、助理班主任的职责与使命、人际沟通、助理班主任人格魅力塑造等一系列培训课程。通过这些培训可以提升助理班主任对工作的认知，及时做好角色转换，更顺利地处理学生学习、生活中的具体问题，提高工作效率。

（三）建立沟通机制，及时了解情况

建立健全的沟通机制，可以让学校、指导教师及时了解情况，解决信息滞后问题。可以通过建立助理班主任例会制和值班制、QQ 群工作制。通过例会，让助理班主任及时反映工作中遇到的问题，教师针对问题一一解答，并传授处理学生事务的经验。通过值班，助理班主任可以直接处理多项学生工作，提高工作效果。通过 QQ 群，可以将工作中的信息和遇到的问题，在网络上直接交流，大家可以直抒己见，快捷而方便地进行沟通。

（四）完善考核制度和激励机制，实行量化考核

高校要健全助理班主任工作考核评价机制，要对助理班主任的工作目标以及预期达到的效果等有比较详尽的要求，例如，制定"助理班主任工作手册"，对助理班主任的各项工作都制定详细的量化考核标准。同时，教师需要定期收集学生对助理班主任的工作的评价，并把结果反馈给各助理班主任。此外，还可以建立助理班主任团队之间相互评价及反馈机制，让他们互相获取各自的工作经验，克服不足，提升工作质量。

九、班主任助理的队伍建设

班主任助理的选拔，直接关系到新生的健康成长和新生班级的管理水平，因此应严格把关。首先，明确选拔思路。选拔班主任助理考察的是一个学生的整体素质，要避免在选拔过程中由教师根据经验"一锤定音"，也要防止只通过笔试、面试获得"考试型人才"，只有全方位、多层次的考察才能保证选拔出合格的人选。其次，制定科学标准。一名优秀的班主任助理意味着拥有较高的综合素质，不仅包括学习成绩，还有人际交往能力、责任心、知识面、学习能力、应变能力等。因此，在选拔的过程中，既不能"唯分数论"，也不能仅看中工作能力。在众多考核的标准中应将责任心放在首位。再次，完善选拔流程。班主任助理的选拔可通过他荐或自荐的渠道，以申请书的形式提交意愿，通过笔试环节考查学生的业务知识，通过面试环节考查学生的应变能力、表达能力、心理素质等，同时结合其日常表现进行最终的筛选。

班主任助理由高年级学生组成，他们在学生工作内容、业务知识、心理常识、工作理念、工作方式方法等方面还有所欠缺，需要进行相关培训。

一方面，应根据学院新生工作的主要内容进行培训。通过培训，使班主任助理对整个任职期间的工作意义、形式和内容有整体把握，对学生工作的基本理念和处理应急问题的方式方法有初步了解。另一方面，要注重培训形式的多样性。除了理论知识的学习，还可以通过经验交流、案例分析、情景模拟等形式加强培训效果。组织班主任助理进行工作技巧、业务知识、心理知识等方面的培训，强化工作能力和管理。从培训内容和培训形式两方面下功夫，真正提高班主任助理的工作能力和水平。

新生工作中应把激励机制引入班主任助理队伍建设中，通过对工作表现优秀的助理进行奖励，创造良性竞争的环境，充分调动他们的工作积极性。同时，科学的评价是建立有效激励机制的基础。班主任助理所进行的新生管理工作并不是一项"立竿见影"的事务，很多工作成绩也无法量化，因此制定科学、合理的评价标准更为重要。新生班级的学习水平、卫生纪律状况、班级凝聚力、学生评价等都应成为衡量班主任助理工作的重要标准。另外，应切实将评价与奖励机制密切结合，学院定期评选"优秀班主任助理"，为获奖者颁发荣誉证书，并给予物质等形式的奖励。另外，学院也应定期对全体班主任助理工作情况做综合评价，分析成功与不足，为今后更好地开展此项工作积累经验。

十、学生党员担任助理班主任的重要作用

学生党员是学生中的先进分子，他们思想先进，学习勤奋，工作出色，有广泛的群众基础。他们的思想、行为，一言一行，每时每刻都在普通的同学中产生着潜移默化的影响，安排他们担任助理班主任，可以让他们把这种先进性充分体现和显示出来。

学生党员是学生中的优秀代表，一名学生党员的力量和影响也许是有限的，但一批或一群优秀的学生党员组织在一起、凝聚在一起、团结在一起，就形成了一个基层的学生党组织，作为一个整体、一个团队，其作用就是无穷的。这样一个先进而富有凝聚力的组织，会对周围的学生产生巨大的影响和辐射作用，会把更多的大学生团结到党组织的周围、吸引到组织内部，从而形成更大的合力、汇聚更大的力量。这样的合力将夯实我们基层党组织的基础，起到强基固本的作用。

学生党员作为助理班主任，要协助班主任进行班级管理，要参与班级各项制度的制定，在班主任不在时要充当班主任的角色。学生党员助理班主任在工作实践中，只有以提高学生综合素质为工作重心，狠抓班风建设；同时在坚持原则的大前提下，营造民主和谐的管理氛围，才能在班级工作中取得显著的成绩，也才能使自我管理能力得到极大的锻炼和提高。

一名党员就是一个鲜亮的形象，一名党员就是一面鲜艳的旗帜，一名党员就是一杆挺直的标杆。如果我们的每一名学生党员都能够在他所在的班级或是他担任助理班主任的班级时时刻刻树起这个形象，举起这面旗帜，立稳这根标杆。那么，高校学生党员的整体形象就会像夜空中的星辰般耀眼，就会像朝阳中的露珠般清纯，就会像鲜艳的党旗般圣洁。让他们用无私的、默默的奉献对同学产生正面的导向和引导作用，使他们成为普通同学在前进道路上的又一盏航向灯。这种影响既是润物细无声的，同时也是深刻而且深远的。切实加强学生党员队伍建设，提高学生党员素质，提升学生党员的服务质量，真正发挥学生党员在学生自我教育、自我管理、自我服务中的模范带头作用。

十一、助理班主任目前工作的问题

助理班主任（以下简称"助班"）既是学生，也是助理班主任。他们有自己的学习任务，同时也肩负着其他职务。很多大一新生的活动与助班的专业课时间冲突，导致助班虽然想参加，但是分身乏术。

部分助班反映与班主任的沟通存在一些障碍，缺乏具体确切的工作计划和安排。同时，助理班主任与班内学生交流还不够密切，有些细小问题未能及时发现。

对新生来说，助班的作用仅限于入学时和有重要活动时，而当新生逐渐适应大学生活后，新生班级建设完成后，助班与新生的联系就逐渐疏远。由于助班工作的聘期为一学年，很多助班的工作缺乏连续性，后续的工作稍有欠佳。

目前，助班制度应制订更加严格的工作计划以及科学的考核制度，使每位助班都能够更加仔细认真地完成本职工作。同时，定期对助班进行量化考核，并进行精神以及物质方面的奖励。由于绝大多数助班都是新手，当他们最初面对有些问题时，会觉得突如其来，无所适从。因此，院系应在他们上岗前有系统的培训，并严格执行助班的培训以及定期召开交流会，就班级共性问题进行讨论，就特殊问题集中想对策，促使每一位助理班主任更加关注班级的动态；同时，加强院系和学生之间的相互沟通和理解，定期汇报新生情况。

十二、学生工作助理队伍的定位及运作

工作定位与理念。学生工作助理的定位是双重性质的，既是工作的执

行者也是义务的履行者。就自身而言是一个学生，主要的任务是学习，而且有义务履行相关的规定；针对辅导员而言，其身份是学生工作助理，是具体工作的执行者，协助辅导员开展工作的得力助手，联系学校各职能部门和学院（系）的桥梁，同时也是教师与学生之间的纽带。因为学生工作助理本身就是学生，与学生们同吃同住，能够很好地把握学生的思想动态、学习情况、行为方式、生活习惯和心理状况等，并及时向有关负责部门反映，为学校提供最直接的信息。学生工作助理正好是辅导员队伍的后备力量。他们在学生工作一线当中充当着"突击队"和"扫雷手"，走在工作的最前头，分担着不少的重任，起着举足轻重的作用。

工作内容。高校学生工作是一个立体化的内容体系，具有多方位、多层次、多角度、多侧面的特点。从方位来看，学生工作内容有教室管理、图书馆管理、实验室管理、学生宿舍管理、学生食堂管理、文化场所管理等。从全面育人的长期任务来看，学生工作内容体系概括起来包括七大工程：思想政治教育工程、学风建设工程、先进典型事迹教育工程、校园文化建设工程、勤工助学工程、心理健康教育工程、就业与职业指导工程。

公开选拔。为了体现公平公正原则，学生工作部（处）负责学生工作助理公开选拔招聘。每一届的学生工作助理任期为一年，期满后重新全校公开选拔，工作突出的学生工作助理经本单位决定可以留任。考虑到学生工作助理身份与职责的重要性和特殊性，学生工作主管部门对其实行高规格、高标准、高要求的选拔与管理，并十分重视队伍的建设与使用，努力向职业化、专业化、专家化的目标迈进。

定时培训。为了使学生工作更加规范化、条理化、高效化，对学生工作助理实行定时培训。每一年换届后，都对新任助理进行上岗培训，熟悉学生工作事务，为工作的开展作好铺垫。针对工作过程中出现的问题，进行不定期培训，解决共同遇到的问题。根据学校不同阶段的工作重点，邀请经验丰富的领导做专题培训讲座，面授工作经验和技巧。定期检查与总结。正所谓：有检查，才有发现；有总结，才有提高。学生工作助理要努力做到学期初有计划，期中有检查和汇报，期末有总结。在开展工作过程中，时刻把握学生工作动态，及时发现问题，定期向教师汇报，善于总结经验，汲取教训，力求工作完美。

第三节　高校兼职、助理教师团队建设研究

知识经济时代的到来使得以团队为基础的工作方式显得越来越重要，团队精神的魅力正感染着社会生活的各个层面。在高校教师群体中倡导和发扬团队协作精神十分必要，很多学校都把富有团队协作精神作为高校聘任高层次教师的一个普遍而又重要的原则。

一、高校兼职、助理教师团队

（1）含义。高等学校教师团队有两层含义，它可以指拥有相同研究领域的教师队伍即教学团队，也可以指因为某一项目或某一科研活动临时组建的项目组或课题组等即学术团队。具体地说，高等学校教师团队是指以学科梯队、学术研究中心、课题研究组等为代表的教学科研型群体组织。

（2）特点：成员地位平等、强调互相学习、有较高学术水平和教学工作效率。

（3）建设意义：哈佛大学校长柯南特说："大学的荣誉不在于它的校

舍和人数，而在于一代又一代素质精良的教师。"① 提高教师的知识结构水平；及时了解更多的学术前沿；增进学校教师之间的沟通和友谊；有利于师资力量的整合。

团队建设的理论基础。近年来团队建设研究产生了下述几个基础理论：

（1）合作竞争理论

该理论的代表人物是耶鲁大学管理学教授拜瑞·内勒巴夫（Barry J.Nalebuff）和哈佛大学企业管理学教授亚当·布兰登勃格（Adam M.Brandenburger），他们的代表作是 1996 年合著出版的《合作竞争》②。这一理论认为，人们如果各自为战，认为双方目标没有关系，就会漠视他人福利或困难，组织也会是一盘散沙，士气低落；如果人们处于竞争关系，相互之间就会封锁信息和资源，甚至相互攻击和破坏。因此，一个组织应当形成共同目标和合作气氛，在共同目标下合作，人们会相互尊重，共享信息和资源，互相交流，取长补短。

（2）建设性冲突理论

冲突理论是现当代西方社会学中的一股以社会冲突现象为研究对象的重要社会思潮。引入团队建设中，是因为团队虽然着力使成员形成合作关系，但这并不意味团队中不允许存在不同意见。不同目标是形成高质量决策的前提。只要团队真正形成了合作关系，人们就会坦诚地交换意见，吸取对方意见中有价值的成分，在充分交流的基础上达成共识。所以，通过建设性冲突的处理，团队的成员会更加认同团队的目标，团队的合作关系

---

① 道格拉斯·柯南特，梅特·诺加德.触点：短暂互动中潜藏的领导艺术 [M].王祖宁，王凌凌，译.广州：世界图书出版广东有限公司，2014.

② 拜瑞·J.内勒巴夫，亚当·M.布兰登勃格.合作竞争 [M].王煜昆，王煜全，译.合肥：安徽人民出版社，2000.

也就会更加巩固。

（3）员工卷入理论

员工卷入理论是让员工对那些关系到他们切身利益的决策发表意见，增加员工的自主化和对工作的控制程度。员工卷入的具体措施是实行员工参与决策和管理。人在组织中有决策权，就会更加认同组织的目标，并积极主动地去执行决策。

（4）学习型组织理论

学习型组织理论是 20 世纪 90 年代以来，在管理理论实践中发展起来的当今最前沿的管理理论，是由彼得·圣吉在其《第五项修炼》[①]中提出的管理观念。彼得·圣吉认为：学习型组织是一个不断创新改变的组织，其中，大家不断突破自己的能力上限，创造真心向往的结果，培养全新、前瞻而开阔的思维方式，全力实现共同抱负以及不断学习如何共同学习，并提出了五项修炼——自我超越、改善心智模式、建立共同愿景、团队学习和系统思考。学习型组织理论是指导个人学习的理论，更是指导团队建设和团队学习的理论。

（5）木桶原理

管理学中的"木桶原理"指的是某个管理体系的整体质量往往受落后群体或不健康思想的影响，就像用木桶盛水一样，容量的大小取决于木桶最短的那块木板，而不是最长的木板。其引申义为只有攻克管理活动中的瓶颈，才能实现效益最大化的目标。根据木桶原理，团队成员要为了共同的愿景，共同发展，共同进步，才能够更好地发挥团队的作用。根据木桶原理，团队建设要：扬长、避短、牢固底板、提高紧密度。

---

① 彼得·圣吉.第五项修炼 [M].郭进隆，译.上海：上海三联书店，2002.

二、当前教师团队建设的状况及存在问题

（一）国外教师团队建设的现状

在国外，教师的团队工作是推进课程教学的重要方式。20 世纪 50 年代，美国的"小组协同教学制"（Team Teaching）开了教师合作的先河，即由不同的教师共同组成一个教学小组，实行合作教学（Cooperative Teaching）。它是一个课程群组，由两个或两个以上的教师及若干助理人员共同组成教学团队（Teaching Team），在一个或数个主题或学科中，以合作的方式，突破学科的限制，进行一系列教学，教师们发挥自己的专长，有效地运用各种教学媒体，帮助学生达成有效学习的教学方法。20 世纪 80 年代，西方学者提出了"同伴互助"（Peer Coaching）的概念，提倡教师在共同的工作中形成伙伴关系，通过共同研学、示范教学以及有系统的教学练习和回馈等方式，学习和改进彼此的教学策略，逐步提升教育教学质量。

目前，国外有两种教师团队合作模式被广泛地采用。一是整体团队模式。这是一种直线型组织形式，其合作路径是组成团队—合作设计—目标、任务呈现—集体指导—过程呈现—反馈与补救—合作指导—评价。这一模式在国外已经有了一些研究，应用较多。二是核心互补团队模式。该模式是要根据目标或问题的主导方向，确定一个核心小组，一般有 3 ~ 5 名成员。核心小组要预先制订合作计划、合作原则、合作日程等。随着学生研究性学习的不断深入，核心小组成员集体指导过程的需要，随时吸收新的教师成员进入，团队合作像滚雪球似的，不断扩大合作教师的队伍。这些新参与进来的教师必须遵守已有的团队计划，但可以提出合理的建议和意见来

帮助改进合作计划的各个环节。在继续合作指导的过程中,某些教师因为完成任务后会离开这个团队,同时也有一些教师因为需要参加进来,核心小组的成员要随时根据实际情况补正原来的计划和任务,并在人事上做好安排。最后对合作成果评价时,要对所有曾参与过合作的教师进行评价。"纽曼、韦拉格和他的同事在研究学生学业成绩和教师教学集体之间的关系时,认为学校成功的内在机制在于高水平的教师教学集体之间,确切地说,就是教师通力合作形成的支持教与学的氛围"。

(二)国内高等学校教师团队建设的现状

教学团队的成员在学历、年龄、学缘、职称等方面都基本适应了教学团队的成立及其长远发展,团队成员学历层次较高;老中青的比例比较合适,老、中、青学术梯队分明。

(1)教材是进行教学的依托,同时又是教学的产物。各高校教学团队十分重视教材建设,国家级精品课程建设。产生了一大批优秀教材,许多团队编写的教材入选"十一五"国家级规划的教材,还有许多教材获得国家级、省级优秀教材奖。许多课程被评为国家级精品课程。

(2)形成了自己比较完善、行之有效的教育教学模式。很多教学团队采用"以精品教材为基础,充分利用网络环境,教师引导下的师生互动交流研讨"[①]的教学模式,以网络环境为依托,通过"网络课堂"实践设计,依靠网络教学辅导,鼓励学生的自主性学习。

(3)青年教师培养经常化、规范化,教师素质迅速提升。各教师团队高度重视青年教师的培养工作,鼓励和资助青年教师攻读学位和进修;通过团队合作、以老带青的形式,提升青年教师的研究能力和教学水平;发

---

① 周宏.学校教育科研热点研究全书(下)[M].北京:经济日报出版社,1999.

挥教学改革项目的作用，历练青年教师能力；同时还接待兄弟院校教师来校观摩、学习进修。

（4）教学促科研，科研带教学，两者相得益彰。团队建设在重视教学的同时也不忽视科研对教学的带动作用，各团队都主持多项国家社科基金、省部级等重大科研项目，获得多项科研成果奖，科研活动成果直接或间接地转化到教学过程中，从而促进了教学效果的提高，成效显著。

国内高校教师团队建设中存在的主要问题：

教师团队作为一种有效的组织形式，适应了当今形势发展的需要，在高校发展过程中起到了越来越重要的作用，但也还存在一些问题。主要在于：一是没有建立一个和谐的团队文化，团队意识、协作精神不强。教师群体是一个松散的群体，独立性较强，教师之间的日常联系并不密切，随着教学团队的建立，教师被聚集到一个团队当中，团队不同于群体，团队成员之间的利益是紧密相连的，他们有共同的目标、共同的信念，团队文化十分重要。由于受学术权威或行政权威的影响，在进行课题研发时，团队负责人往往具有至高无上的权威，团队成员通常需按照负责人的思路进行研究，在面临观点冲突时，本能地出现一种"习惯性防卫"，不愿意放下学术权威的架子，致使成员间无法进行深度会谈；无法获取高于个人智力的团体智力，团队无法实现具有创新性而又协调一致的合作方式。二是现行的制度与政策不利于教师团队的建设，没有形成有效的团队管理机制。行政管理体系无法为团队的构建和发展提供有力的制度保障，无法支撑团队的高水平创新成果产出。

首先，是团队建设的激励机制和激励导向不利于团队建设。进行奖励或评审时，仅限于团队负责人，致使一些与团队负责人学术水平相近的教师宁愿自己组建一些低水平的团队，也不愿意进入别的团队，导致单学科、单部门的团队多，大型的跨学科、跨部门的团队少。针对不同学科和专业的学术团队，大学没有建立适应其特殊性和复杂性的评价体系，一律靠结果说话，靠数字说话。单纯地量化到数字容易导致科研的功利思想，破坏学术规范。目前，科研中存在的学术浮躁和功利的氛围，大学科研基础研究力量薄弱，与功利的评价体系不无关联。

其次，团队授权不明确，制约了团队的发展。现在大多数高校团队没有人员调配权、改革自主权，科层管理的思想和方式制约了团队的发展。长期以来，我国高校的基层管理组织是教研室，各高校开展教学科研活动，组建教师团队基本上是以教研室为单位，而教研室又是按学科组建的，因此以教研室为单位难以组建跨学科、跨院（系）的教师团队。

再次，教研室在高校机构中主要承担的是行政管理的角色，对教学、科研工作没有指挥权和决策权，学术地位没有体现；团队建设资助经费缺乏保障。

最后，教师要把人类积累的认识成果和经验转化成学生的精神财富，要把知识转化为学生的智力、能力和思想观点，必须通过学生自己的认识和实践才能实现，这是任何人都无法包办替代的。教师的教只有依赖学生的学，依赖于学生的积极配合，才能产生预期的效果。然而，教学团队的建设过程极少有学生的参与，所有教学活动都是在教师制订了教学计划之后执行，学生则只是已有教学计划和任务的参与主体，而不是真正的"主角"，学生并没有真正参与到教学团队的建设当中。虽然教学团队的成员是教师，然而教学团队的建设是涉及多方面的，包括教学内容、教学方法、教材建设等都直接关系到学生的"学"，但是学生却没能参与其中。

三、合理的角色转换

高绩效兼职、助理教师团队能够给每一位教师成员适当地分配不同的角色。因此有必要了解个体能够给团队带来贡献的个人优势，根据这一原则，使工作任务分配与每一位教师偏好的风格相一致，与每一位教师的知识、技能、经验相一致，做到人尽其才，才尽其用。

明确界定的、有意义的共同目标即共同愿景能确定团队的基调和奋斗志向，能树立团队内每位教师的主人翁感和责任感，使团队成员凝聚在一起，共同朝一个方向努力。它以实现团队整体利益为前提，同时要包括教师的个人意愿和目标，充分体现团队成员的个人意志与利益，只有这样，才能够为团队成员指引方向、提供动力，让团队成员愿意为它贡献力量，以实现整个团队绩效的最大化。同时这一目标要随环境的变化进行调整。目标的适时提出与不断更新，既激发了每位教师的旺盛斗志，更使教师们在共同发展目标的激励下逐步凝合团队力量。

高校教师团队的建设要有不同层次的挑战性目标，不仅要设置长远的发展规划还要设置每个阶段的发展目标。通过与学院（系部）的协商，教师团队确定学期与年度的教学改革和科研任务，并注意在工作中为教师团队设置不同层次的挑战性目标。

协同合作是团队精神的核心。只有发挥协同合作精神，使各成员的矢量和最大化，以实现教师团队的整体目标，为此，我们通过创设团结协作的校园文化与加强制度管理去做好这方面的工作。沟通是团队精神的黏合剂。教师间有效的沟通能及时消除人们之间的分歧和误会，促进教师间相互了解、相互帮助和相互交流，促进团队成员的团结协作，实现团队教师间智力资源共享、知识创新，激发团队教师的主动性和创造性。因此，畅通的沟通渠道和频繁的信息交流，是培养团队精神的重要途径。

教师团队的绩效评价和奖酬体系是推动工作的指挥棒和动力源，是实现团队共同目标的保证。传统的个人绩效评价、个人激励等制度不利于高效教学团队的建设。因此，除了根据教师个体的教学业绩进行考评和奖励之外，学校还应该考虑采用基于团体的绩效评价和奖励方式，实行团队激励。只有将团队成员个人层面的绩效考核和团队层面的绩效考评相结合，并根据团队自身特点和发展规律，针对不同学科的不同特点，以业绩为核心，以同行认可为重要指标，建立科学、有效、公平、公正的考评指标体系，通过把定性考评和定量考评结合起来，探索出一套有效的绩效考评激励制度，才能实现对团队成员和整个教学团队的有效激励，做到人尽其才。既可充分实现教师个人价值和团队价值，又可杜绝团队中因责、权、利不明而导致的摩擦和冲突而损害团队的整体利益。

建立起团队与高校外部及高校其他工作集体、职能部门的信息联系及相互关系，形成信息、资源的共享机制，使团队能够将自己发生在高校组织中的进展和变革考虑在内。同时，还可以争取对团队的技术支持、高校高层领导支持、校内外专家指导及仪器、经费等物质与精神方面的支持。

第四节　高职院校助理、兼职班主任管理研究

我国高职教育发展突飞猛进，对口单招、注册入学等招生形式的推行，降低了入学门槛，生源得到保障的同时专任教师相对不足的矛盾凸显。而新生教育又是做好大学整体教育关键的第一步。因此，在高职院校学生管

理工作供需不足的情况下，培养一支训练有素的助理、兼职班主任，辅助院系、班主任进行学生管理，帮助新生尽快适应大学生活，转变学习方式，促进学风、校风建设很有必要。

一、高职院校设立助理班主任

当前高职学生入学的门槛相对较低，学习能力及文化素质较低是毋庸置疑的。部分学生进入高职院校后，出现了学习动力不足、目标不明确、不善于自我管理等现象；再加上受现今多元文化的影响，部分大学生的生活、学习会产生多种多样的问题，有的甚至发展成为心理障碍和心理疾病。这就需要高校的管理者尽可能整合有效资源，形成合力，对学生施以更加有效的教育管理。

另外，部分学生因自身各方面的能力较强，渴望得到更多的学习和发展机会。而高校在短期内很难为学生解决此类问题，这在一定程度上限制了这些优秀学生的进一步发展。因此，无论是从人才培养的角度出发，还是本着对学生负责的精神，我们都应为学生提供发展的舞台，构建施展才能的机制。高职院校让学生担任助理班主任，在教师的指导下参与班级管理，实际上就是为学生构建了一个真实的工作场景，让他们在真实的工作情境中决策、执行、检查，像实际工作者那样思考与处理问题，在实践中摸索经验，锻炼独立工作的能力。

助理班主任制度的实施效果是显著的，不仅创新了预备党员考察的新途径，而且在实施的过程中还促进了大学生的思想教育，对高校的教育管理也产生了积极的影响，展现出党建工作与学生工作共赢的良好局面。

实施助理班主任制度的作用：

有利于高校的教育管理。由于助理班主任的工作具有直接性、渗透性、群众性和及时性的特点，在学校的教学、思想政治教育、后勤管理等职能中能起到其他人无法替代的作用，如进行学校、教师和学生之间的信息联系，开展班级活动，完成校、院系布置的任务，进行班级体内部的自我管理等。因此，助理班主任制度的实施，对高校的教育管理有着积极的促进作用。

有利于提高学生的管理能力和管理水平。助理班主任作为班主任的助手，主要选自高年级品学兼优的党员。这批学生在担任助理班主任的过程中，因为有了真实的工作场所，其工作更具现实性和可操作性，所以可以培养自身工作的条理性和预见性，培养组织协调能力，增强为广大同学服务的意识和奉献精神；提高明辨是非、办事公正的能力，学会理解和宽容别人。还可以通过经常和同学教师交往，懂得如何做事，如何与同学、教师打交道，如何处理集体与个人的关系，增强自信心、胆量及语言表达能力。助理班主任用"教师"的标准严格要求自己，可以激发自身潜力，提高自身综合素质。这使得一部分优秀学生脱颖而出，迅速成长为学生骨干，成为学生的核心力量，成为政治思想工作网络中的一个重要组成部分。

有利于增强学生的自我管理和自我约束意识。学生管理工作中的助理班主任制，属于大学生自我管理和自我约束的范畴。作为助理班主任的优秀学生，他们一方面仍然是学生，应该遵守学校关于学生管理方面的各项规章制度，并在同学中起表率作用，用自己的行为影响和带动其他同学。另一方面，他们又是一个业余的管理者，要协助班主任管理好班级。助理班主任的"双重身份"，使得被管理者更容易感受这种管理的贴近性。正是一批助理班主任的存在，使得绝大多数的学生在日常行为及活动中产生了一种无形的"顾忌"和"压力",从而在学生中形成一种自我管理的氛围。

有利于进一步促进高校基层党组织建设。选用预备党员/党员担任助理班主任,可以使学校党支部对他们的考察更具有实质性,而不仅仅凭借几份空洞无力的思想汇报来考察。这对树立学生党员的助手意识、责任意识、表率意识、奉献意识等有了实际的意义,学生也有了更明确的努力方向,扩大了考察预备党员的途径,加快了学生党员成长的速度。

二、助理班主任的工作职责

助理班主任的工作集中在新生入学的第一个学期,主要体现在思想引领、学习指导、生活指导等方面,琐碎事情多,工作强度大。因此,明确助理班主任的职责,做到责权明晰,能有效避免工作中互相推诿和工作不到位的情况,从而更好地配合班主任和辅导员完成新生教育这一重要任务。具体说来,助理班主任的具体工作可以归纳为以下五方面。

1.协助班主任和辅导员做好新生接待、体检、入学教育、军训等工作;帮助新生尽快熟悉学校及周边环境;带领新生学习学校各类规章制度和行为规范,完成入学教育课程;指导新生内务,使其尽快适应大学生活。

2.思想上引领新生,充分发挥党员的模范带头作用,引导学生积极向党组织靠拢;深入新生班级、宿舍和其他活动场所,广泛开展谈心活动、调查研究,及时、准确、全面地掌握新生思想动态,积极做好个别教育和辅导。

3.协助班主任、辅导员维护新生晚自修纪律,利用晚自修时间进行大学学习方式的适应性指导,引导新生了解专业背景和未来发展方向,明确学习目标,制订个人学习计划,及时调整学习方法,克服学习过程中的各种困难。

4. 帮助班主任考察、选拔班团干部，指导新生班干部开展工作，结对示范团课，结合自身经验，指导新生班团干部提高工作艺术水平和工作效能。

5. 开展新生人际交往指导，指导新生开展跨专业、跨年级、跨系部的联谊活动，拓展新生的人际交往面；帮助新生学习如何协调师生之间、同学之间、室友之间的关系，培养新生的集体主义观念和团结互助精神。

三、助理班主任制度运行中存在的问题

助理班主任制度是一个双赢的举措。助理班主任在帮助新生熟悉环境、转变学习方式、调整心理状态、适应大学生活等方面有明显的推动作用。同时，助理班主任也在工作中提升了"自我教育、自我管理、自我服务、自我发展"的能力，使自身素质和修养得到较好的提升。但是，助理班主任制度还在探索阶段，难免出现问题。下面以南通纺织职业技术学院为例分析助理班主任制度在具体实施过程中出现的问题。

南通纺织职业技术学院建工系给大部分新生班配备了一名助理班主任。一名助理班主任帮带新生太多，导致助理班主任精力过于分散，不利于工作的开展。另外，一名助理班主任不能很好地照顾到男女生差异，在生活、内务和宿舍检查等方面都有影响。很多学生课业繁重，不能担任助理班主任，可供选择的优秀学生减少，跨专业带班的情况普遍存在，这使得助理班主任在专业指导上的作用大打折扣。

助理班主任的责任心与吃苦耐劳的精神对于带班质量有着重要影响。坚持每天下班级、下宿舍的助理班主任，班级在晚自修纪律和宿舍内务方面成绩明显优于其他班。相反，尽管个别班配备两名助理班主任，但因为助理班主任工作经常不到位，班级各项表现平平，班级管理上甚至出现一些不良现象。

四、助理班主任与班主任、辅导员的配合度影响班级管理

辅导员、班主任对助理班主任工作重视不够，重使用、轻培养，缺乏积极的培训和引导，没有及时沟通，缺乏对助理班主任的鼓励和鞭策，这都容易使助理班主任感到工作动力不足、信心不够。

有的班主任是专业教师，平时教学任务较重，对班级管理较少，助理班主任若不能将班级情况及时向班主任汇报或者在汇报中因考评、私人感情、怕失去学生信任等因素只报喜不报忧，最终会使得班级的一些问题得不到解决。

培养和选拔优秀的学生做助理班主任要做好以下几个方面：

第一，有意识培养优秀学生，备好助理班主任资源库。日常学生工作中，有意识培养各班主要学生干部和学生会干部，为助理班主任的遴选备下资源库很有必要。这样可以避免前期准备紧张，仓促遴选，助理班主任良莠不齐，也可避免由各种原因造成的可供选择的优秀学生减少，东拼西凑选助理班主任的情形。

第二，做好助理班主任的选拔，为任用高质量助理班主任把好关。助理班主任自身素质对工作的绩效有决定性作用。因此，应本着宁缺毋滥的原则，考虑到专业、男女生比例、生源等具体情况，选拔思想进步，成绩优秀，有主要学生干部经历、有较强责任感和工作能力，乐于奉献，不计个人得失，在同学中有较高威信的学生，同时选拔出的助理班主任要善于沟通。

第三，做好助理班主任上岗培训和长期指导工作。辅导员、班主任和专业教师要重视对助理班主任的帮助和指导，加大对助理班主任的培训，为提高助理班主任素质提供帮助。由于助理班主任工作涉及生活适应、学习指导、心理辅导、危机干预等多方面。因此，助理班主任必须参加相应的思想和业务培训，涉猎"校纪校规""怎样更有效沟通""大学生活设计""专业认知与职业发展"等相关的内容。对助理班主任工作的意义、工作性质、工作方法与技巧、基本价值、人际交往的基本原则、角色处理等方面给予培训指导，解答助理班主任存在的疑问，并就如何艺术地把握沟通尺度等问题给助理班主任以建议和指导。

健全助理班主任考核体系，做好监督与跟踪要做好以下几个方面：

第一，健全助理班主任制度的考核体系，将对助理班主任工作的考核贯穿于日常工作中，实现新生、班主任、辅导员对助理班主任工作的共同评估。

第二，加强监督与跟踪，为助理班主任工作警戒设防。助理班主任每周须向班主任和辅导员口头汇报一次新生的思想动态，每月向系负责教师提交一份工作报告。系辅导员定期召集例会，听取工作汇报，根据工作情况和新生反馈信息对助理班主任进行考核，对于工作出色、所带班级成效显著的助理班主任给予一定的物质或精神奖励，对不称职者及时解聘。

五、学生助理班主任队伍建设的目的和意义

在进入高职院校之前没有锻炼自身的自理、适应、社交及承受挫折的能力，对家长和教师过分依赖，不喜欢与人交往，没有明确的学习和奋斗目标，不能很好地适应学习环境等，这些因素都将使得高职院校对学生管

理更加困难。要解决这种困境，可以建立助理班主任队伍，这样将有利于入学新生快速适应新生活和学习环境。助理班主任也是从新生成长起来的，新生入学时常常会面临思想、生活、学习和交际等方面的问题。助理班主任通过讲述自身入学时的经验，可以有效帮助新生调整心态，尽快地适应大学生活。

新生入学时还存在种种困惑，如学校生活、学习方法和专业认识等，总是认为现实与理想之间有一定的差距。被选拔的助理班主任一般与新生学习相同的专业，比较熟悉学校和所学专业的概况，与新生交流时能将学校和专业的优势体现出来，使新生深入了解学校、认识所学专业，使新生的情绪得到安抚。

由于一些高职院校班主任由辅导员和专业教师担任，班主任补贴低、工作量大、责任重，且很多还在校外住，管理不方便，力不从心。这些原因都会削弱他们教育管理学生的热情。同时，高职院校辅导员的工作也十分烦琐和零碎，使得他们没有更多的时间投入到新生的管理工作中去。所以高职院校班级众多与班主任数量不匹配的矛盾带来的问题日趋严重。选聘助理班主任可以解决班主任人数不足的问题，有利于发挥学生骨干的先锋模范作用，提高班级管理的有效性和实效性。助理班主任作为辅导员的助手，他们思想活跃、较新生成熟一些，工作热情高涨，这样有利于在学生中树立威信，带领学生积极进取，不断进步，又能满足新生渴望成才的需要，无形中起到了良好的教育和模范作用。

六、高职高专兼职班主任工作

"德高为师，身正为范。"作为班主任，首先，我们自身的教学和科研功底要扎实、要过硬。班主任要全面深入地掌握各学科知识，而且要对当代的教学模式、国家的政策、学科发展前景、学科教育的特点及主要内容有所了解。其次，思想政治觉悟要高。因为高校班主任是受学校委派到班级管理学生学习、生活和思想政治工作的指导教师，是学校学生思想政治工作队伍的重要组成部分，也是大学生健康成长的指导者和引路人。班主任是整个班级的主心骨，班主任的言行在潜移默化地影响学生。班主任为人正直，作风正派，整个班级班风就会淳朴、正直，就会形成一种积极向上的凝聚力。

在传统教育中，教师和学生之间的关系是相对对立的，教师一直是高高在上的，学生是被动的。大学生已经迈入成人的门槛，他们希望得到应有的尊重与理解。美国心理学家马斯洛的需要层次理论认为，尊重是人的较高层次需要。所以，教师应摆正自己的位置，和大学生建立平等的人际关系，充分地尊重学生、信任学生、理解学生，全面了解学生的发展。班主任要利用业余时间进入学生宿舍，观察他们的生活情况，了解他们与室友的关系是否和谐。尤其是对来自农村的学生，班主任要从饮食起居各个方面给予帮助和关怀，使他们能尽快地融入班集体、适应大学生活，让学生从内心感受到教师与学生的平等，感受到学校和教师的关怀。

关注学生的心理健康状况，进行相应的心理健康教育，是高校专兼职班主任的重要工作之一。高校学生因为学校开设的课程多，所以学习任务重，部分学生会有一定的压力，从而会出现一定的心理健康问题，甚至会出现心理障碍。这就要求班主任具有一定的心理学方面的知识，能及早发现学生所出现的问题，在第一时间进行心理干预，进行正确的引导，使学生能正确地认识学习任务，树立正确的人生观与价值观。班主任可以利用现代网络技术建立班级 QQ 群或微信群，鼓励学生在群里相互交流，使得师生间能增进感情，减少学习的陌生感和孤独感。学生有任何想法或问题通过微信、QQ 反映给班主任，以便班主任及时发现问题并进行解决。此外，QQ、微信群的建立也为学生搭建了相互学习的平台。要鼓励学生锻炼身体，班主任要以身作则，利用早操时间和学生一起跑步，对于不喜欢运动的学生不能强求，要正确地进行引导。

班风是班级成员集体精神面貌的表现。良好的班风对于学生的发展至关重要，而学风是班级成员在学习过程中养成的学习习惯。良好的学风是保证学生取得学业成绩的关键。良好的班风与学风建设，在新生入学之初就应进行培养。在学生入学的第一次班会上，班主任应该给学生分析专业在整个学科所处的地位与优势，培养他们对本专业的兴趣。为了建立良好的学风与班风，班级还需要建立一支素质过硬的学生干部队伍。班级干部对班级建设起着至关重要的作用，在选拔班级干部时，班主任应将学习能力与责任心、良好的德行作为重要参考。只有这样，才能为形成良好的班风与学风创造先决条件，才能带动班集体向好的方面发展。班主任要肯定并支持他们工作，让班干部在班级中树立威信。班主任应该加强对班干部的教育，使他们不搞特殊化，严于律己。实践证明，这样的班干部在班级中具有感召力和凝聚力。

七、高职院校兼职班主任的角色定位

高等职业教育同普通高等教育的区别是，人才培养以社会需求为目标，以技术应用能力的培养为主线，培养目标确定为培养适应生产、建设、管理、服务第一线需要的高素质技能型人才。在教学模式上，高职教育比普通高等教育更加注重通过工学结合，注重培养学生的动手能力，突出职业性、技术性、实践性，倡导在做中学、在学中做。所以，面向高职学生的学生管理队伍，在培养学生职业化的过程中，在自身的素质构成、工作方式和工作内容等方面也必须适应这种特殊性和遵循高职教育的特点。然而由于专职辅导员大多毕业于文科专业，且把大量时间花在了学生的日常管理和思想教育工作上面，常常忽略了对学生专业和职业素质的培养，为了弥补辅导员在专业上的不足，同时作为专业教师的班主任应该把工作重心放在学生专业知识、技能水平的提升以及职业素质的养成上面。如果说专职辅导员的目标是成为学生的"人生导师"和"知心朋友"，那么兼职班主任应该努力成为学生的"专业导师"。只有明确了这一点，才能更好地实现辅导员与班主任之间的优势互补，实现"兼职班主任＋专职辅导员"双重管理模式下的共赢，使辅导员与班主任的共存达到"1+1>2"的效果。

第五章　高校成人、远程教育班主任管理

第一节　高校成人教育中班主任管理研究

成人教育任重而道远，新时代我们如何把握成人教育规律，大力发展成人教育，准确定位成人教育中班主任的角色，是成人高校改革和发展中的重要课题。

一、成人教育中学生的特点

成人学生作为受教育的对象之一，相对于普通全日制学生来说，具有很大的不同：第一，成人学生年龄跨度大，从青年到中年甚至老年都有。第二，成人学生思想差异大，由于成人学生一般有丰富的工作经验，有些还是单位领导，在思想方面往往存在比较大的差异。第三，成人学生的流动性很大，由于大部分成人学生是在职学习，其学习常常受到家庭和工作的影响。第四，成人学生的价值取向不同，学习的动机比较分散，没有一个统一学习的习惯。这一系列的特点决定了我们成人学生的班主任工作是一项非常重要也是非常艰巨的工作，需要有较高文化素质和文化涵养才能够胜任的一份工作。

需求是成人学生求学内在的、下意识甚至是激励性的因素，虽然成人学生求学动机是多种多样的，概括起来为以下三种需求：第一，文凭需求：拿文凭、增知识、提身价。很多工作岗位都设有学历的门槛，使得未有相应文凭的人不得不继续深造，获得相应文凭。同时，进入学校学习，可以扩大自己的知识面，提高身价，提升自己在职业生涯中的竞争力。这是绝大多数成人学生求学的第一大需求。第二，社交需求：交朋友、增友谊、拓展人脉。这是很多成人学生求学中的第二大需求。第三，自我实现需求：开眼界、上层次、寻机会。人人都希望通过自己的努力，实现自己对生活的期望，这是对自我实现的需求。成人学生也是一样，他们希望通过学校的学习，完善自己的知识结构、开阔自己的眼界、提升自我的层次、期待更好的机会，从而实现自我的需求。这是成人学生求学中的第三大需求。当然，成人学生也有一些其他的需求，但是这三种需求是目前存在的最主要也是最普遍的需求。

二、成人教育中班主任的角色定位

从成人学生学习的特点和求学动机出发，我们把班主任的角色定位为：服务、服务、再服务。这是一种知识经济中的服务，渗透着管理和教育的服务。如果把这种服务进行进一步的划分，可以概括为管理服务、教育服务和支持服务。

班主任的职责就是要满足学生的需求，想学生所想，急学生所急。成人学生来学校读书第一大动力和需求就是拿文凭。随着我国普通高等教育的不断扩招，越来越多的年轻人具有了较高的学历和文凭，这对已经在职却没有较高文凭的职员来说，是一种无形的竞争压力。同时，各个企业在外部招聘或者内部提升制度中，大多数都有学历的门槛。因此，这些没有大学文凭的人开始进入成人学校进行深造，以获得文凭为第一需求，同时期望在学习的过程中增长知识，提升自身的价值。作为班主任需要了解学生的需要，同时提供各项支持，协助学员实现他们的目标。但是成人学生在求学的过程中，普遍存在一定的压力和矛盾。他们在求学过程中有工作竞争的压力、经济精神压力及学业压力，同时存在工学矛盾，这些压力和矛盾往往是其实现其第一需求的最大阻力。作为班主任要了解学生的压力和矛盾，换位思考，为学生着想，尽可能地鼓励学生克服困难和压力，协助和监督学员顺利完成各门课程的学习。同时要督促学员保质保量地完成各门课程的任务，一定要学到真才实干，只有这样才能够顺利拿到文凭、增长知识，还可以提升自身的价值。

成人学生来到大学读书，希望开阔自己的眼界、提升自己的学历，同时寻找更好的机会。这是成人学生在求学过程中一个非常大的潜在的需求。班主任需要了解到这一潜在需求，并切实做一些有益的工作帮助学生实现这一需求。首先，班主任要知道目前的课程设置是否合理，对学员的知识面拓展、能力提高是否有帮助；要认真听取学员的意见，同时要把学员的意见上传到学院，力争在课程设计方面做到合理、有效，让学员能够真正地得到提高。其次，班主任需要多到课堂，多了解教师的授课情况，确保教师的授课内容能够理论联系实际，对学员的工作学习有一定的帮助。最后，由于成人学生大多是利用业余时间和假期来学习，学习时间紧、授课量大，学习生活比较单一和枯燥。班主任要创造条件和机会让学员充分展示自己的特长，学员之间的交流不仅限于同一班级，还可以多参加整个学院的甚至和外部单位的一些活动。

成人学生不同于全日制学生，很多同学可能同窗数载，毕业的时候还不知道对方姓名。但是他们又渴望在学习的过程中多交朋友、增进友谊、拓展自己的人脉。这时候，班主任的工作就非常重要，班主任需要了解学员潜在的需求，并协助其满足这一需求。班主任如果想做好这项工作，至少要在以下三方面做出努力：一是精心挑选班干部，组建班委。二是勤沟通、善沟通，时刻掌握学员的心理动态。三是抓两头带中间，让学员对这个集体产生认同感和归属感。在做好以上三项工作的基础上，班主任要带领班干部在课余时间多组织一些学习交流会、各种球赛、歌唱比赛等灵活机动、便于实施的校园文化活动，让学员之间有更多交流的机会，增进学员之间的友谊。

三、基层电大开放教育班主任的主要任务

做好学生学习观念的转变。基层电大开放教育是在职成人的教育，是成人学生集中的地方。班主任应根据成人学生的特点，与学生进行充分有效的沟通，在充分理解的角度上和学生进行交流，让学生转变观念，端正学习态度，尽快进入自主学习的状态。

帮助学员建立学习的自信心。不少学员虽然有明确的学习目的和一定的学习兴趣，但随着学习进度的深入，学习中会遇到困难。对于这种情况，班主任要做好学生的思想工作，帮助他们分析学习中遇到困难的原因，帮助他们渡过难关。另外，还应鼓励学生积极参与网上答疑活动，以便学习中的问题能及时解决。

发挥导学作用。基层电大开放教育班主任的一个重要职责是"导学"，开放教育强调以学生为中心、学生自主学习为主，实施"交互"

式方法为主导的教学模式。班主任的工作不是传授知识，而在于指导学生如何有效地使用现代信息技术，通过网络和多媒体教育技术去获取知识和解决问题。班主任当好"导学"角色，还应做好以下几点工作：①帮助学生制订个人学习计划；②根据学生实际情况，合理安排学习小组；③建立班级 QQ 群等，共同交流相互帮助。

应具备教学管理能力。教学质量是开放教育的生命线。因此，班主任要切实加强面授辅导的过程管理，以确保面授辅导的质量和效果落到实处。督促学生独立完成平时作业，及时上交，做好平时作业的综合评定。同时，班主任必须自始至终抓紧对学生的考纪考风教育，使学生通过勤奋学习来取得优异成绩，树立良好的学风。

四、基层电大开放教育班主任工作存在问题

基层电大开放教育班主任专业知识缺乏，业务水平不高。基层电大的许多教师都是从小学、初中或高中调动而来的，大多数班主任专业知识缺乏，开放教育理论水平不高，结合开放教育的理念开展班主任工作的能力不强，不能很好地履行岗位职责，缺乏科学管理的方法和经验。

基层电大开放教育班主任工作方法简单化，忽视学生特点和需求。学生管理工作是一个复杂的过程，需要班主任充分了解学生的特点和需求，充分重要学生的个性，有针对性地开展工作。但部分班主任仍沿袭传统的单一模式和思维习惯，忽视了学生的主体地位、个性差异和具体需求。在教育方法上，多为单向灌输和说教，忽视电大成人学生的实际，缺乏师生之间的沟通和互动。在激励措施上，往往批评多，尊重、赞美少，忽视成人学生的独立人格以及渴望被尊重、被理解、被认同的心理特点，影响了

学生个性发展和潜能的开发。

基层电大开放教育班主任工作责任心欠强，管理能力较低。基层电大开放教育界班主任工作具体而烦琐，要具有高度的责任感。部分班主任责任心不强，对学生缺乏应有的耐心，工作不细致、得过且过，失了学生的心，也坏了学校的名誉。部分班主任对学生的管理不够深入，造成部分班级学生的稳定性差，学生退学或长期休学的人数较多。

五、提高基层电大班主任管理水平的主要做法

提高基层电大开放教育班主任工作的专业化水平。基层电大每学期应组织安排班主任的培训。（1）组织班主任学习开放教育的理论，掌握开放教育的特点和规律，提高对开放教育的认识，促使班主任转变管理观念，改变传统的管理模式，根据"以学生为中心"的宗旨，树立以人为本的思想，在管理方面勇于创新、勇于探索，成为学生学习观念的转换者，学习方法的指导者，学习习惯的培养者。（2）组织班主任业务知识培训，使班主任掌握开放教育的各项管理制度，特别是教务、教学和学籍管理方面的有关规定，提高班主任的业务水平。开设班主任论坛，探讨班主任工作的新思路和新观念，提高班主任工作的专业化水平。

加强基层电大开放教育班主任服务意识。服务是开放教育的核心竞争力所在，作为班主任要清楚地认识到最大的职责就是服务，树立服务他人就是发展自己的服务理念，要把学生当朋友，用心做好事情，用服务留住他们，用服务感化他们。在教育方法和激励措施上，要充分体现成人学生的特点，以正面引导为主，充分尊重和理解学生，对于学生的学习要求、学习中的困难，认真帮助解决。

增强基层电大开放教育班主任的工作责任心。开放教育班主任的工作任务复杂且具体，必须有高度的工作责任心，并要付出辛勤的劳动。只有积极投入到班主任工作中，才能够扎实做好班主任工作，解决在班级管理中出现的问题。基层电大开放教育学生存在不稳定性，学生入学后前两个学期，往往是学生退学或休学的主要时期，除特殊情况外绝大多数电大学生不再参与电大学习，班主任要分析学生退学或休学的原因，发扬高度的工作责任心，并争取家庭和单位的支持，千方百计让学生继续参加开放教育的学习，如某基层电大开放教育学校学校通过班主任的努力，退学和休学学生控制在 15% 以内，学生稳定性大幅提高。

建立基层电大开放教育班主任工作长效机制。基层电大领导把班主任工作作为学校管理工作的重要构成部分，作为促进开放教育学生全面发展、健康成长的重要举措和做好招生工作的重要环节来抓，使班主任成为电大招生的主力军。采取积极措施，规范班主任工作，建立班主任考核和激励措施；通过政策倾斜，落实班主任的薪酬待遇，提高班主任工作的积极性，形成班主任工作的长效机制。

六、普通高校成人教育班主任角色

（一）"治者"

成教的对象是成人，他们的学习具有极强的目的性、自主性，同时也伴随着很大的功利性和自由性。这样的认识会导致班主任走两个极端：一是管，套用管理普通高校学生的方法去管。二是不管，一味放任。结果都收不到良好效果。所以这也造成了成教班主任的一大困惑。但班主任的首要职能为管理职能，所以他的第一角色也必须是一个管理者，在此我把他们称为"治者"。

所谓"治"，解释为治理、管理。孔子曰："无为而治者，其舜也与！夫何为哉？恭己正南面而已矣。"（《论语·卫灵公》）不同于老子的"无为而治"，孔子的"治"首先指向的是治理，然后达到"无为而治"。所以重点还是要治、要管，将"有为"与"无为"相结合。"治"的目的是"组织的高度自组织化"，所谓治是为了不治。治的意义在于治人。同样，治理成人班级也可以像治理国家一样，分为三个层次："官人""安民""修身"。"官人"就是对班干部的管理。"安民"就是对班级同学的管理。"修身"即班主任的自身塑造。成人班主任要更多地引入成人学生的自身能力，他们的社会性和管理积极性，协助并自主运行班级管理工作。由于成人学生的特点，班主任的管理必须具有一定的艺术性。"治者"角色可以解析为"核心人物"，他要利用艺术化的管理，按照成人教育的规律办事，将管理行为融入班级日常工作的台前幕后，艺术性的展现就集中表现在台前和幕后的灵活转化。而一切管理行为的方向是达到"无为而治"。其关键的是在今后的日子当中，更多的是引入成人学生的自身能力，他们的社会性和管理积极性，协助并自主运行班级管理工作。

（二）"师者"

师者，传道，授业，解惑也。成教班主任通常情况下，不承担授课任务，所以就学术问题的学习和指导而言，班主任基本上是无法涉及的。而高校的学习方式是极其自由的，教师在讲完课便可离开教室，基本只承担教书的任务，于是育人的任务也就落到了班主任的身上。他也承担了传"道"，解"惑"的任务。

成人学生都来自不同的社会背景，他们的经历都大不相同，年龄层次也是各异的。在待人处事、社会阅历方面，有时候教师们会觉得他们可以成为教师的教师。但在很多方面，我们会发现他们同样稚嫩，有很多软弱的时候。比如，在学校这个环境中，他们不一定可以按照教育规律办事，没有充分的自信等。这时就需要有人引导，有人劝慰，有人告之，有人鼓励。帮助他们确立学生的角色，解决人生困惑。

成人是社会建设的主体，是社会秩序的维护者，所以成人教育必不可少，至关重要，而作为他们在接受成人教育的第一位，也是陪伴时间最长的教师是班主任，他要确立自己的教师角色。

首先要身体力行，担负着感染他们，教育他们的重任。成人学习普遍存在着懒散，过于功利，得过且过的毛病，甚至发展成为文凭主义，作弊风盛行，代考屡见不鲜的现象。班主任面对这样的现实，是否可以做些什么。荀子说："为之，人也；舍之，禽兽也。"教育可以使人从精神上区别于动物，使其社会化，而对于成人来说，它便是有着使人文明化的功能。成人学生毕竟也是学生，班主任存在的意义最终还是由于学生的需要，学生还是需要教师来指导，指导他们形成更文明、更合理的状态，这个时候，班主任很大意义上是一个"风向标"，不论是教育道德上还是社会伦理上。如果对于他们的扭曲的世俗化的学习理念听之任之，那也就失去了其存在的价值。当然，教育的方式也是问题的关键，对于成人这个群体，以怎样的方式或者把持一个怎么样的"度"，还是要在摸清成人教育的规律，深入了解具体情况以后采取，才能起效。

其次要耐心服务。教师这个行业的职能成分中很大一部分是服务成分，成人教育中体现得更为明确，班主任的角色义务中自然而然也就镶嵌了这样一大块。服务意识既要求人性化思维，为学生的学习提供良好宽松的环境，又要采取"移情"的方法，作为一个教育者站在学习者的角度思考问题，尽量并主动帮助学习者在学习期间克服学习甚至生活上的各种困难，统合各种资源环境创设良好的学习氛围。

（三）"友者"

既为良师，亦要成为益友。成教班主任通常为多年从事高等教育的教育工作者，作为一名教师或许要比成为朋友更容易。但针对成人这样的教育对象，班主任自身亦属于这一行列，所以要做好这一工作，既要站在一个高度或一个距离作为教师去俯视或者远观，同时又要走近这一群体，作为其中的一个个体去相处研究他们，才会真正全面地了解你的教育对象，把握教育过渡，使教育工作"恰到好处"。

成为学生的朋友，是成教班主任必不可少的角色定位。要从"治"到"无为而治"势必要经过这个步骤，要从这个职业中体验到充分的乐趣，也少不了这个角色的扮演。其实面对成人学生，班主任教师会发现自己与他们有许多共同点，很多时候他们需要理解和移情的方式加以对待，所以和他们成为朋友，体会他们的喜怒哀乐，帮助他们渡过难关，和他们平等地交往，将有助于班主任工作的顺利开展。很多成教学员坦言，来大学学习，一是为学点东西，提高学历，弥补缺失，也是为交些朋友，增长见识。一个良好班级氛围，需要班主任的积极支持，配合学员的创设工作以外，也需要班主任作为班级一员加入到他们中间去，其间给予真诚的合作。所谓"能近取譬"，即拿自己做个比喻，将心比心，"己不所欲，勿施于人"才会真正全面地了解你的教育对象，把握教育过滤，使教育工作"恰到好处"。

（四）"枢者"

枢者乃沟通疏导之人。班主任担负着任课教师与学生之间、学校与学生之间以及学生与学生之间架起桥梁的任务。首先是任课教师与学生之间。高校任课教师的学术工作，常常使他们喜欢对于自己的学术研究信手拈来，讲理论味过浓而实践味较淡的课，针对成人目的性较强、功利性较强的特点，往往收不到良好的授课效果。而当任课教师和成教学员本着各自立场进行直接沟通时，很多时候也无法协调。班主任作为教师的一员，了解教师的心理，而在及时捕捉到学生的动态之后，随时可以与任何教师加以沟通，对于课程进行动态的调整，既满足授课需要，也一定程度上迎合了学生对于课程的要求，避免了很多矛盾。

学校与学生之间，一者是管，一者是被管。学校从大局出发颁布学生管理条例，但针对很多实际个别情况确实无法做到人性化、合理化，尤其对于成人而言。这时就需要规定条令的执行人——班主任做好传达，灵活执行的工作。班主任一方面要迅速地将学校的管理要求和指示精神，贯彻到学生和教学第一线，做到早知情，早履行，方便以后的工作展开。一方面在执行各项规定时，又要根据成人学生的实际情况，做到灵活、公正。而在学校制定及修改有关管理规定时，班主任也应作为第一线的教学管理工作人员，为此提出宝贵意见建议，协助这方面工作。

学生与学生之间的疏导与沟通是班主任日常的主要工作之一。在担当好"亦师亦友"两个角色之后，这项工作也就起到了效果。

第二节　高校远程教育班主任管理研究

现代远程开放教学需要一套完整的管理体系，管理的最前端——班主任，不同于传统教学中的班主任，特殊的教学方式赋予了其更多的内涵，班主任对远程教育的效果、教学秩序起着决定性的作用。

一、现代远程教育班主任工作的重要性

现代远程教育是随着现代信息技术的发展而产生的一种新型教学方式，是构筑知识经济时代人们终身学习的主要手段，其主要的特征是学生和教育机构之间以计算机为中心，采用多种媒体手段，以学生自主学习为主的教育形式，与传统的面授教育相比，现代远程教育具有时空分离、教学分离、教考分离的特征，它较好地解决了成人学生边工作边学习时常遇到的工学矛盾和各级教育机构教学资源缺乏，师资力量薄弱的缺陷，真正实现不受时空限制的学习，将受教育的对象扩展到全社会，使名师名校成为可共享的资源；教学模式也从原来的以教为主的教学形式转变为以学为主。

由于受到传统教育思维的局限，现代远程教育以上的特征，同时也带来了新的矛盾：第一，在整个学习期间，实行的是异地教学，师生之间准永久性分离，缺乏面授教育的那种师生之间的沟通交流，学生在学习中遇到的问题不能及时解决，堆积下来也极大地影响了学生的学习和教师的授课效果。第二，各办学高校只能通过教学材料和支持服务两个方面对学生的学习施加影响，而教师和学生之间也只能利用各种技术手段进行联系。

高校与学生、教师与学生之间都无法直接沟通，许多非学习性问题也得不到及时解决，势必间接性地影响到教学质量。为了克服以上矛盾，办学高校必须在各地设立地面网络支持服务中心——学习中心，使之成为合作高校与学生之间的中转站，而班级是现代远程教育基层学习中心的重要组成部分，班级建设的好坏，直接影响到现代远程教育的办学效果，在其中起关键作用的，应该首推现代远程教育学习中心的班主任。班主任的工作贯穿于学生的整个学习过程，他们是联系学生与高校的桥梁与纽带，是班集体的组织者、管理者和引导者，从某种意义上来说，是现代远程教育的生存基础，是不可忽视的重要环节。

现代远程教育的班主任工作，不同于传统教育模式下的班主任工作，现代远程教育试点16年来，从依赖于卫星接收装置的远程教育、集中学生收看接收的视频课程、利用学院下发的教学光盘学习到依赖于互联网的网络教育，发展变化日新月异，现代远程教育的这些特点与培养目标赋予了班主任工作新的内涵，我们的班主任工作也应该根据其特点去探索行之有效、与之相适应的方式方法。

二、现代远程教育班主任工作目前面临的问题

（一）教育模式不同

在传统的教育模式中，师传生受，学生一般只处于被教育的地位，而在现代远程教育模式中，因远程教育的时空分离、教学分离、教考分离的特点，学生的学习很大程度上有赖于他们的自觉性，但成人学生由于面临工作、家庭的压力，缺乏固定的学习时间和学习环境，在鱼和熊掌不可兼得的情况下，他们往往放弃了学习。

（二）生源特点不同

现代远程教育实行的是"宽进严出"的低门槛学习政策，宽松的入学方式，使所有有学习需求的人实现了"人人入学"的理想，但同时也使现代远程教育也陷入了学生个性差异大、生源特点复杂的困境，具体表现为：学生知识水平高低不一、年龄参差不齐、工作性质不同、学习自觉性差、运用网络技术能力低，这些因素给班主任工作带来了极大的挑战。

（三）学生学习目标不明确

参加远程教育的学生，由于受到工作现实的影响，只有少数学生真正是为了提高自身素质，实现学习理想而就读，大部分都存在急功近利的想法，都想在最短的学习时间内获得毕业文凭，他们对于本专业知识的学习普遍缺乏兴趣和信心，有个别学生甚至还提出是否能不参加学习就可以拿到文凭的要求。

三、如何做好现代远程教育班主任

（一）班主任是沟通教与学双方的桥梁

现代远程教育实现的是师生异地教学，学习方式以学生自学为主。在这种特殊的教学环境下，班主任不仅是班集体的日常管理者，更是沟通教学双方的桥梁。班主任要将远程教育的各项目标、任务等传达给学生，同时将每个学生在学习中遇到的疑难问题及时反馈给办学点的教务人员，再将具体答复转达给学生。班主任这个桥梁作用的发挥，直接影响着学生的学习效果和整个教学秩序。

（二）班主任是学生学习的策划者、引路人

学生在学习期间，班主任要对其进行"策划"和"引导"，帮助学生深刻地理解教学目标、教学内容、学习方法等，帮助其完成远程教学目标。这要求班主任确立以学生自主学习为中心的指导思想，运用有效的管理手段和督导方式，培养学生的自主学习意识。

（三）班主任应该成为学生政治思想的教育者

第一，与学生保持经常性的联系，根据学生的职务、工作经历、家庭情况和思想状况，有针对性地做好思想道德、遵纪守法、勤奋学习的教育。第二，帮助学生树立明确的学习目的，端正学习态度，提高学习效率，刻苦学习，奋发成才。第三，关心学生，了解学生的意见和要求，帮助学生解决实际困难。对于基础较差、学习困难较大的学员，要帮助其解决畏难和急躁情绪，提高学习效率，降低学生的流失率。对于基础较好的学生，要及时给予表扬并鼓励帮助其他同学共同进步。第四，做好考试前的动员工作。教育学生明确考试目的和要求，正确对待成绩，提倡诚信、自强的学习态度。

（四）班主任是学生日常学习生活的管理者

第一，负责组织学生参加开学典礼，协助办理学生报到、注册、催交学费工作。第二，负责"学生证"的填写与发放工作，填写、整理学籍卡。第三，利用 QQ 群建立班级通信录，为学生提供必要的支持与服务。每日登录班级交流平台，和学生互动沟通，同时要求学生每周登录平台或个人邮箱，查询各项通知。第四，根据各专业的开课计划，检查学生学习情况，督促学生自学并完成作业，对学习时间较少的学生要及时提醒。第五，协助远程教务人员完成发布学期开课计划、期末考试安排、查询考试成绩、

统考、学位考试报名、收集毕业相关材料等通知。第六，负责催收学生的作业。第七，协助组织、督促本班学生按时参加期末考试，负责本班学生成绩单的登记，定期反馈给远程教务人员，便于成绩管理；及时为学生办理免修、重修申报手续，以免影响毕业。第八，毕业班班主任负责联系学生的论文指导教师，加强学生毕业设计（论文）全过程的监控，督促学生做好毕业设计（论文）和答辩工作；复核毕业生登记表，协助完成毕业生评价、鉴定工作。第九，协助为毕业生办理毕业、离校手续。

（五）具有高尚的品格和强烈的责任心

一名优秀的班主任，特别是担任远程教育这种新的教育模式下的班主任，应该在日常学习、工作中，通过自己春风化雨般得体的言谈举止、渊博的知识和诚实正派、客观公正的品格去影响学生、感化学生，想学生所想，急学生所急，深入学生，沟通感情，树立威信，以强烈的责任心去从事学生工作，才能赢得学生的肯定与尊重，才能使学生乐于支持和配合班主任的工作，为班级管理工作的顺利开展打下良好的基础。

（六）转变教育观念，树立以人为本的服务理念

现代教育学提出了教育就是服务的新型教育理念，学生从被教育的对象转化为被服务的对象。远程教育由于学生的文化层次、年龄结构、工作性质各不相同，更需要无处不在的服务，服务是现代远程教育的核心竞争力所在，因此，作为一名现代远程教育的班主任，应转变教育理念，从教育者的角色转换为服务者的角色，以优质服务为根本，牢固树立以人为本的服务理念，全面优化班级管理，用心经营服务，注重工作细节，耐心、细心、诚心服务于学生，融合师生关系，始终以"生"为核心，以服务为

责任，尊重、理解、关爱学生，帮助学生更好地明确自己的学习需求、确定实现学习需求的具体方法，激发他们的学习欲望，充分实现自我价值，不断完善助学支持服务，满足学生的合理需求，使其对终端的学生更有亲和力，真正做到"一切为了学生、为了学生的一切、为了一切学生"。

（七）熟悉远程教育的各个流程，练就过硬的网络应用技术和管理技能

班主任的主要职责是实施思想教育工作，参与管理班级的教学，为学生提供学习支持服务，引导学生构建自主学习的模式，对教与学双方起到沟通的作用，是学生学习的策划者和引路人。俗话说："师勤学无忧。"作为现代远程教育的班主任，应该认真学习网络教育的各项业务，熟悉学院各项工作的具体要求，认真学习计算机和管理平台、学生个人学习平台的操作技能，提高自身对教学设备的驾驭能力，及时解决学生在学习过程中遇到的各种技术问题、政策问题；认真抓好管理工作的各个环节，引导学生尽快适应现代远程教育的教学、学习模式，熟悉现代远程教育学习流程和各个环节，为学生提供学习方法和学习策略，保证学生的学习过程顺利进行。

（八）积极探索有效的工作方法，做好学习支持服务

现代远程教育是基于现代先进的网络和计算机技术发展起来的，网络环境具有一定的虚拟性，在网络环境下学习的学生也容易产生孤独感，容易缺乏学习的动力，作为现代远程教育的班主任，我们应该充分利用现代教育技术手段及教育学、心理学的理念，根据现代远程教育的特点和合作高校的工作要求、学习中心的具体工作安排，积极探索行之有效的工作方法，做到管理育人、教育育人。密切联系学生，了解学生的基本情况，包

括学生的年龄、职业、学历层次、毕业学校，对班级学生的整体知识水平进行客观的把控；及时了解学生的思想动态，成立班级，建立班级 QQ 群，定期发布相关信息，并利用开学典礼、集中考试等机会，建立学习小组，开展班级活动，增进学生之间的感情；通过线上、线下的交流，消除学生的孤独感，形成班级积极向上的学习氛围；积极主动做好学生学习过程中的支持服务，提供学习方法和学习策略的指导，引导学生尽快适应网络教育模式，熟悉网络教育学习流程；给学生提供多种助学信息，包括建立学生学习信息反馈网，提醒督促学生完成各个学习环节（包括缴费续费、选课开课、学习进度的推进，毕业环节等各项工作）；解决学生在学习过程中遇到的各种问题。充分发挥远程教育的灵活性，使互联网成为一个联络学习的实体而非虚拟的空间，让学生产生归宿感而乐于学习，帮助学生顺利完成学业。

（九）对做好今后远程教育班主任的几点建议

建设一支稳定的、高素质的班主任队伍。班主任最好是本校教职工，要工作态度认真，掌握一定的计算机知识，具有不断创新的精神；加强对班主任的管理和考核，规范制度，建立评优机制；定期对班主任进行培训，特别是专业素质、信息沟通、组织能力的培养，加强学习，及时总结经验和不足；针对遗留生的特点，应采取"一贯制"管理，即由原班主任负责该生的复学、学费收缴等工作直至毕业。鉴于班主任的特定作用，笔者建议应为班主任创造良好的工作条件，如提高班主任专项津贴的标准，使他们的劳动真正得到承认和回报，吸引更多的优秀教师乐于承担此项工作。

四、网络教育班主任的管理工作

在网络教育的学员中，年龄跨度较大，在 20～45 岁不等，学生层次中有高职、高中、中专学生，这些学生中大多数基础较差；大部分学员已参加工作，并且一部分还在单位担任基层领导职务。由于网络教育学生层次参差不齐，他们的知识储备和知识结构有很大差异，理论基础知识和实践能力大不相同，人生经历、工作经验和能力也有较大的差异，这些因素给我们的网络教育管理工作带来极大困难。

网络教育与普通的大学、高职、中小学的学生管理不尽相同，且网络教育的学习特点是利用现代远程网络技术在网上完成自主学习，平时不用到校上课。现代化的信息网络从某种意义上解决了工学矛盾，方便了学生学习，但利和弊有时是并存的，这就出现了有的学生无视学校的教学管理规定，不按要求完成网上学习、不按时报考网络统考现象。以上都给我们的班级管理工作带来不利因素。

大多数网络教育学生在工作和实践活动中，遇到了这样那样的问题，切身体会到知识的匮乏，觉得跟不上当前的形势，渴望通过进一步学习、获取新的知识来提高自己，弥补工作中知识的欠缺。所以这部分学生学习的目的很明确，学习态度端正，学习认真，学习过程中善于思考，善于在学习过程中发现问题，善于结合工作实际和教师进行交流讨论，有很强的学习主动性和自觉性。但也有一部分学生学习目的不是很明确，他们是迫于自身的需要，他们的目的也很明确，就是混文凭，以满足自身功利性的需要。这部分学生则一切以文凭为中心，这就造成了一些网络教育学生急功近利、为考试过关而学习的思想，从而导致上网学习时间不能保证，甚至延误毕业等不良现象。

做好网络教育班主任的几点建议：

面对网络教育学生，班主任首先要强化班级的管理政策和原则，利用网络等工具向学生宣传学校的校纪校规和学籍管理制度，让每名学生真正了解违反管理规定的后果。同时要做到公平、公正地对待每一位学员。班主任要树立起以人为本的服务理念，做好学生与学校、学生与辅导教师的沟通工作，充分起到桥梁和纽带的作用。网络班主任在情感的角度上，要站在学生的一方。首先要了解学生、体谅学生。网络教育学生肩负着工作、家庭、学习的多重负担，班主任要积极主动与他们加强联系，关心帮助他们解决一些实际问题，真正走进他们内心，做他们的知心朋友，尽可能地帮助他们解除后顾之忧。建立多方位的交流平台对提高班主任的威信有十分重要的意义。

班主任要深入学生之中去，了解掌握学生工作、家庭的基本情况。班主任可以通过查看学籍卡、与其他辅导教师定期进行沟通、与个别学员谈话、开学员座谈会等多种方式了解学员的思想动态、学习状况，根据学生具体情况区别对待，进行分层管理。对学习积极主动性高、目标明确、思想成熟的学员多引导、多激励，使他们能抓住各种机会锻炼自己、提高自己各方面的能力；对年龄偏大、工作家庭负担重的学生，要主动帮助他们合理安排好学习时间，为他们的网上学习提出合理建议；对网络技术不好的学生要耐心帮助他们；要积极主动地与学生联系，要融入学生中去，倾听学生心声，成为学生最信赖的人。

网络教育学员来自不同的群体，来自各行各业，工作地域广，流动性大，且每个学期只有期末考试时才到学校，这种特性给我们平时的班级管理带来很多不利因素，也就是说光依靠班主任的力量是远远不够的，需要配备得力的班干部和骨干学生协助理班主任主任出谋划策，建立健全班级联系网，建立网上班级同学录、班级网页音频等，利用这些现代的网络工具在网上起到"传、帮、带"的作用。班干部负责各自区域的学生管理，定期向班主任汇报本小组的学习等情况。学员们可以借助网络这个平台敞开思想，各抒己见，互相交流，使他们自然而然融入班级这个大家庭里，使学员感觉到了学校的温暖，缩短教师与学员、学员与学员之间的距离。凝聚的力量是无穷的，当然这种亲和力与优秀班干部和骨干力量的劳动和作用密不可分。有了得力的助手，也极大提高了班主任的工作效率。

第三节　开放教育班主任管理研究

电大开放教育的特点是以学生为主、教师为辅，倡导"以学生为中心"的自主学习模式，学生在整个学习过程中需要班主任的积极参与和支持。开放教育班主任与传统教育的班主任工作有着很大区别。开放教育班主任的管理工作重在"理"，重在引导，重在服务。管理对象年龄跨度大、专业跨度大、年级跨度大、知识结构参差不齐，并且管理数目要远远超过传统班主任所管理班级数目。

一、开放教育班主任管理工作中存在的问题

（一）招生规模大，开设专业多，班级管理难度加大

部分院校担任班主任的教师基本管理10个班级约500名学员，有个别教师所带的班级达到20个近700人。

（二）学员的整体素质下降，学习目的性以及个体间差异较大

一些学员学习的目的性不明确。到电大学习不是为了来多学点知识，提高自身能力，而是为了混张文凭，以便在单位有更好的发展，将来作为提干、评定职称和上调工资的凭证。笔者通过调查还发现，所有学员基本上对开放教育这一新的教学形式缺乏了解。学员普遍学习基础较差，学习能力存在差异，年龄差距较大，学习的时间也有着不同的制约，不能很好地解决工学矛盾。这样一来，班主任的日常管理工作显得更加困难。

（三）班主任自身能力不能满足工作的需要

目前，电大的班主任往往身兼数职，还要管理多个不同年级、不同层次、不同专业班的学员，使得班主任自身能力的不足凸显了出来。其主要表现：一是知识结构不能满足开放教育的要求。大多数班主任专业知识单一，所带专业班级基本上不是自身所学的专业。二是跟不上信息时代的要求。如今的多媒体技术、流媒体技术和网络技术，其功能不断地提升和丰富，有部分班主任对各种新媒体技术与表现形式在理解和运用有很大的困难，这样就会造成与学生沟通及传递信息、反馈信息上的不及时，从而导致对学员出现的问题不能及时处理。三是对教学资源的信息处理能力较弱。面对网络上大量的教学资料、教学信息不能进行有效的处理，不能优化教学资源、分辨其质量的高低，也不能指导学生收集、整理教学资源。

二、提高班主任管理水平的对策

（一）提高班主任工作的专业化水平

班主任首先应认真学习开放教育的理论，明确开放教育的特点和规律，了解开放教育工作的新思路和新观念，从思想上提高对开放教育的认识；要不断把开放教育的新理念灌输给学员，让学员充分了解开放教育是采用完全学分制的弹性学制，以个别化学习为主、集体教育为辅，在集体教育中以小组学习为主的教学组织形式，帮助学员树立自主学习意识，使他们尽快适应开放教育的学习环境。

其次要积极主动地学习，钻研业务，掌握计算机和网络知识，不断提高运用现代教育技术的能力，能够轻松自如地帮助学员解决在学习过程中遇到的问题。同时，班主任不仅要熟悉本专业知识，还要了解相关学科的基本理论和基本知识，不断探讨开放教育教学过程中班主任工作的职责和范围。

（二）注重细节，用心经营服务

在开放教育的整个教学过程中，班主任承载着太多的服务功能，需要其把过程分解成每一个细节，把每一个细节嫁接上服务。服务是开放教育的核心竞争力所在。作为班主任要清楚地认识到自己最大职责就是服务，要树立"服务他人就是发展自己"的服务理念；要把学员当朋友，用心做好事情，用服务留住他们，用服务感化他们。

（三）及时掌握并传递信息，注意角色的转换

作为开放教育班主任，要想尽可能地管理、引导、服务好学生，就必

须及时了解、掌握并传达教学计划、教学大纲，及时为学员提供各种媒体教材（文字教材、音响教材、ICAI课件等），并做好教学信息的传送和教学意见的反馈；指导学员们熟练地掌握现代化的学习手段。在管理过程中，班主任应该改变"我是班主任，学员必须服从"的传统观念，应根据"以学生为中心"的宗旨，树立以人为本的思想，为学员提供各种教学支持服务。要承担起学员学习观念的转换者、学习方法的指导者、学习习惯的培养者、良好学习动机的维持者和学员学习的信息员等诸多角色，以适应开放教育教学与服务的要求。

三、新时代开放教育班主任工作对策

班主任是为一群有共同学习目标的学员顺利开展开放教育学习而设立的特殊岗位，是学校工作的一个重要组成部分，是学校各项工作不可缺少的力量。由于电大开放教育模式的变化，班主任工作应与时俱进，才能顺利完成教学工作。

（一）主动学习网络新技术，提升信息素养

作为网络环境的班主任，必须提高认识，转变教育观念，树立网络教育观，全面提高自身网络素质。要提高认识。网络教育是信息时代的一种教育新方式，班主任必须从常态化的教育里走出来，不断探索新途径，寻找新方法，采取有效措施，做好学生教育工作。主动加强三个方面的学习：一是学习现代教育理论，特别是关于网络时代学生教育管理的先进理论；二是学习信息技术，尽可能掌握各种网络教学管理软件的使用方法，才能在学生和学校及各环节中起到沟通作用；三要学习专业知识，利用互联网信息量大且新的特点，了解学科的前沿发展和最新动态，掌握学科教学的新方法、新思路。

（二）拓宽班级管理手段，让互联网成为主阵地

班主任可以利用网络资源和信息技术，借助虚拟空间，拓宽班级管理，建设班主任工作主阵地。例如，可以组织学生建立班级 QQ 群、微信群，在群里可以给学生答疑解惑，和学生探讨问题，同时也能提高班级的凝聚力；可以把学校的公告、成绩等信息及时发布在群里，如每学期课程辅导表，在开学初放 QQ 群公告上，以后每月发一次月辅导表，轮流滚动提醒学员参加辅导，引导学生不自觉地定期浏览学习，从而班级工作开展起来更加得心应手。

（三）在民主平等基础上对话，让网络成为师生关系纽带

要善于使用 QQ、MSN、微博、微信等学生喜闻乐见的网络工具。将学生互相加为好友等方式加强师生交流，密切师生关系。一方面，教师可以通过网络聊天了解到学生在想什么、想要什么，掌握当前学生的想法，借助网络与学生做好朋友。另一方面，树立起学生自主学习观念，使他们尽快认识、掌握并适应自主化学习模式。如开放教育"以学生自主学习为主，面授辅导为辅"的教学模式决定了面授辅导课时少，辅导教师的课堂教学只能是提纲挈领式的指导，而不是系统讲授教材的全部内容。这就要求学员把更多的时间、精力放在自主学习上，不能过多依赖授课。

（四）建立网络学习小组，培养学生自我管理能力

建立必要的网络学习小组，保证学生的网上自学有计划、有组织地进行。建立以班主任为核心，包括辅导教师、班委会成员在内的自学领导小组，负责班级的自学管理。学习小组可按居住地区、工作单位、兴趣爱好及年

龄结构等组建，由班委会成员兼任组长负责协调联系工作，充分发挥班委会的信息联络和模范带头作用。班主任要对学生学习小组学习过程进行监控，要了解自学小组的自学计划，定期让小组组长在网络上晒一晒本组的学习进度情况。

第四节　高职院校"双师型"教师队伍建设

高职院校肩负着为生产、建设、服务、管理第一线培养高技能应用型人才的重任。突出"双师型"教师队伍建设，不仅是保证高职院校提高教育教学质量、完成历史使命的需要，也是坚持走产学研结合之路的需要，更是服务地方经济社会发展的需要。

一、"双师型"教师队伍建设存在的问题

我国的职业教育虽然可以追溯到一百年前，但真正意义上的高职教育兴于 20 世纪 80 年代。尤其是绝大部分高职院校是近年由原来办学条件较好的中专学校升格而成，就"双师型"教师来说，无论数量还是质量，都与教学实际需要有较大差距。同时，整个社会对高职的理性认识还不够，还不同程度存在鄙薄高职教育的思想。另外，本科院校绝大多数是以教学和科研为中心，学校领导主要精力放在学科发展上，对承办的职业教育缺乏研究。上述情况表明，壮大"双师型"教师队伍的基础还不厚实。

"双师型"教师成长有一个较长的过程，要花费相当多的时间和精力。近年来，经济社会的发展及人们对高等教育需求的增强，促使高职院校普遍扩招，从而使学生人数较多但教师数量不足的矛盾愈加突出。据调查，

绝大部分高职院校专业课教师承担的教学任务较重，周课时达15节以上。同时，现有的专业教师还要腾出相当多的时间和精力提高学历、从事科研和职称晋升，在一定程度上延缓了"双师型"教师的培养步伐。

由于对"双师型"教师的定位不准确、认识程度不高等原因，高职院校对"双师型"教师政策倾斜性不够。例如，对"双师型"教师课时费的计算，培训计划的安排，教学内容、教学方式及考试考核办法的改革等，都没有体现"优先"原则，没有出台过硬的扶持、鼓励措施；不论是校内评优，还是职务评聘，绝大部分学校目前只注重课堂教学质量和学生、同行对教师的评价，尤其注重学术成果，轻视了实践环节的经历和工作成效。这说明高职教育还没有制定出符合自身特色的教师评价、职称评定和晋升制度，使"双师型"教师队伍建设缺少有力的政策导向和调节杠杆。另外，有的高职院校对"双师型"教师的学历要求过高。凡此种种，都妨碍了"双师型"教师队伍建设。

二、国外高职院校"双师型"教师队伍建设的经验

美国对职业教育教师资格有严格的规定。在美国有明文规定，具有大学本科学历、取得学士学位并有相关领域1～2年实际工作经验的优秀者，才能颁发职业教育教师资格证。职业教育教师资格的一般要求为，教师应当胜任他们的教学工作，一般应在他们所教范围取得学士学位，并对所教技术课程有1年以上实际工作经验；教师要有工业、商业、销售方面的最新经验，或者有所讲授技术领域有5年以上的实践经验。这样就从制度上保证了"双师型"的特征。

在德国，职业学校教师任职资格的取得，必须经过严格的专业资格培

训和职业教育理论进修，他们不仅要接受严格的专业技能训练，掌握实训设备的操作规程，还要掌握职业教育学和劳动教育学知识。对于理论教师而言，获得准入资格的一个重要条件就是要在与所学专业相同行业的企业至少实习一年，以了解现代企业的组织管理机构、生产经营方式和相应的实际操作技能。在经过 4 年严格的理论学习并通过一次国家考试后，还要在各州所设的教育研究班和职业学校进行为期 2 年的教学实习。

英国职业院校注重教师实践能力的培养和提升，通过职前教育、入职辅导和职后培训三个阶段的培养，将教师教学实践能力和专业实践能力贯彻整个职业生涯。他们设有专门培养高职后备师资力量的技术师范学院，获得高职院校的准入资格不仅需要具备大学的教育证，还必须具备教师技能证和专业技能等级证。

在日本，"双师型"教师被称为"职业训练指导员"，他们主要是在职业高中、专修学校、短期大学及公共职业训练机构从事专业技能人才的培养工作。职业院校和技术学校的教师应具有国力工业大学或者是综合大学工业学院本科毕业生的水平，且具备硕士学位才能获得任职资格。他们还设立有职业能力开发大学，负责日常培训工作和职业技能训练，其开设有长期课程和短期课程，时间分别为 4 年和 6 个月。职业能力开发大学的毕业生，获得国家颁发的教师资格证书后同样可以到职业院校任教。

三、我国高职院校"双师型"教师的现状

许多高职院校把"双师"等同于"双证"，认为"双师"就是教师与技师或工程师的简单叠加，只要具有"双证"（教师资格证和职业资格证）的教师就是"双师型"教师。其实这是一个很大的误区，有职业资格证并

不一定意味着在此职业具有实操经验，更不能判断这类教师的实际工作经验可以供学生学习。特别是在目前我国各类职业资格证越来越商业化的环境下，通过简单的速成培训就能通过职业资格考试、拿到证书，职业资格证书的价值要打一个大的问号。

目前，国内绝大多数高职院校教师来自普通高校毕业生，他们可能在校期间就考取了相关的职业资格证书，但他们大部分没有在企业的实际工作经验，因此在教学过程中不可避免地脱离社会需求和企业发展实际情况。

由于高职院校的扩招，高职院校教师的授课压力越来越大，他们很难抽出时间去参加专门的社会实践培训或到企业里顶岗实训。另外，由于高职院校教师身份的特殊性，很多企业不愿意接受教师参加顶岗实习，使得他们很难了解企业实际，教师脱离实践的时间一长，"双师"素质就会出现退化。

在高职院校中，进行相关科学研究和企业横向课题研究的教师不多，特别是能够为当地企业发展解决实际问题的教师更少，高职院校教师在科技开发、工程技术、实验技术等方面的成果也不多，科研课题较少，教师队伍整体的科研水平不高。

我国职业教育的发展时间并不长，但是我国高职院校取得的成绩有目共睹，在短时期内晋升为世界第一梯队的同时，成功的形成了具有中国特色的高职院校教育，为国家和社会的发展做出了积极的推动作用。在这个过程中，高职院校"双师型"教师队伍的建设与培养起到了极大的作用。在当前阶段，为了应对国际市场错综复杂的局面和企业发展的需要，高职院校要加强对教师"双师"能力与素质的培训与培养，提升其在职业教育中发挥的作用。

近些年来，国家陆续出台了关于高职教育以及"双师型"教师培养的政策与建议，要对职业教育做更深入的发展，建立规范完善的教师培训体系，加强院校与企业之间的深度合作，重点突出教师队伍师风师德的建设与培养，提升高职院校教师队伍的能力与素质。加强高职院校"双师型"教师队伍的改革与发展，是关乎国家与社会快速、稳定发展的重要因素，是国家颁发实施的职业教育的政策战略，高职院校应当积极的落实并切实履行对"双师"能力与素质的培养，不仅要提升教师队伍的思政素质，更要提高教师队伍的整体质量，在新时代的背景下，提升高职院校教师队伍的专业性、创新性，为企业发展培养出更优秀的全方位发展的综合性人才。

四、高职院校"双师型"教师队伍建设的对策

（一）坚持"走出去"，走自我培养之路

就高职院校的办学基础、师资水平及财力等实际考虑，"双师型"教师队伍的壮大，首先要靠挖掘内部潜力，走"自力更生"之路，尤其是要注重"四个结合"。

与实习、实训基地建设结合起来。实习、实训基地是提高学生实践动手能力的主战场，需要有一流的实践指导教师现场指导。而高职院校专业教师绝大多数是从高一级院校毕业的学生，从学校到学校，还需要在实践场所检验和强化操作技能。为此，要摒弃传统的将理论课教师与实践课教师截然分开的做法，将理论课课堂迁移到实习、实训基地进行，将理论知识的传授与实践技能的提高结合起来，在切实提高学生实践操作水平的同时，推进"双师型"教师的培养步伐。

与产业开发结合起来。坚持产学研结合，是高职院校发展的必由之路。

产业开发，不仅是服务地方经济的重要举措，也是增强办学实力，提高师生实践动手能力的有效措施。高职院校应该结合专业特点，充分发挥学校的人才、科技优势，加大产业开发力度。可以出台操作性强的过硬措施，鼓励专业教师到产业部门抓技术开发、产品研究和科技推广工作；可以制定到产业一线工作的轮岗制度，督促专业教师，特别是中青年教师积累生产、管理、服务第一线工作经验，催化"双师型"教师成长进程；要加大知识产权保护力度，对专业教师在产业开发中的发明创造予以重奖，甚至可按一定利润分成；可以设立创业园、创业一条街，将师生的创业思路、创业热情和创业项目落到实处；还可设置创业专项基金，为师生的创业活动提供资金支持。

与服务企业及社会结合起来。学校和企业在双方自愿的基础上；可以开展市场开发项目和合作，学校主要提供智力和人力资源，企业主要提供项目的投资和管理，双方都为实现既定的市场目标共同努力，并用签订协议的形式来确定各自的权利和义务。在校企合作中，无论是联合办学，还是产品开发和加工，均需教师的介入，教师可以真刀实枪地干，在生产中不断提升专业水平，实现理论与实践零距离结合。高职院校要解放思想，勇于探索，及时拆除专业教师到企业及社会兼职的藩篱；出台优惠政策，疏通渠道，将高职院校教师的科技发明、专利技术等转让或出售给相关企业，让教师既能享受到发明创造的乐趣，又提高自身的实践动手能力。而对企业来说，要提升产品质量，增强科技创新能力，源源不断地补充高素质的劳动力，也需要与高职院校密切合作。

与培训结合起来。具体需要做到以下几点：①将教师输送到高一级学校、技师学院或专业培训机构，强化和培养其操作技能。②鼓励专业教师

227

取得相关专业技术职务资格证书、专业技能考评员资格或教育部组织的教师专业技能培训合格证等。③建立和完善培训基地，强化培训措施，将全体教师纳入轮训计划，不断提高教师的整体水平。加强国家高职师资培养培训基地建设。基地院校要重视培训内容和方式，及时推出有吸引力的培训项目，畅通渠道，形成高效的联系机制，促使基地院校教师到学校去，主动了解学校的要求，找准师资培训的突破口，将教师培养与学校实际需要结合起来，避免基地院校的培训与学校教学实际相脱节。④开展师傅带徒弟式的校本培训。由于骨干教师在理论和实践教学中积累了一定的经验，因此，要充分发挥他们的作用，要求他们指导1～2名年轻教师。学校、"师傅"和"徒弟"三方可以签订一个合同，规定三方在教学、动手操作能力等方面的义务，规定在一定时期内应达到的质量要求。

（二）坚持"请进来"，走积极引进之路

由于学校周边环境的复杂性及学生素质的参差不齐，不少高职院校热衷于"封闭式管理"。平心而论，就学生的日常管理而言，强调"准军事化"或"封闭式"都无可非议，但就整个学校的办学理念、办学模式、办学方法及"双师型"教师队伍建设来说，一味地"封闭"是不可取的，更何况高职院校的招生竞争异常激烈，硬件投资压力较大，教职员工的福利待遇不可能在短时间内提高太快，因此，对校外的优秀教师，特别是"双师型"教师的吸引力也就不可能很强，这就需要高职院校采取科学、务实、开放的姿态，推进"双师型"教师队伍建设。

一是调入。一般来说，高一级本科院校的人才积聚效应强于高职院校，而中等职业技术学校、大中型厂矿企业等单位也不乏学历层次较高、专业技能过硬的"能人"，高职院校要勇于将眼光瞄向后者，不拘一格，大胆

从上述单位选拔"为我所用"的人才，疏通用人渠道。这样既可缩短高职教育与社会、学校与企业、理论与实践的距离，也可缓解目前"双师型"教师数量不足的矛盾。但必须明确"双师型"教师队伍的教学质量要求。一些引进的来自生产、管理、服务第一线的人员在进校之初，并非真正具有"双师素质"，他们实践经验丰富，而由于缺乏有关教育理论的学习，缺乏教学实践经验，教育教学素养达不到要求，教学效果并非太好，这就有一个自己努力及学校通过督导加以帮助的过程，进一步强化他们的教学基本功与专业理论素养。

二是聘用。对调动条件暂不成熟、而高职院校又急需的"双师型"人才，我们可以根据"不为所有，但为所用"的原则，采取兼职或专职的灵活办法，予以聘用。在聘用过程中，首先要坚持标准。要聘用学历层次合格、确有实践专长的技术尖子。其次要采取优惠措施，力求感情留人、事业留人、待遇留人，营造良好的工作环境。再次是严格管理。要建立健全外聘人员业务档案，对其德、能、勤、绩进行严格考核，并将考核结果与其各项待遇及是否续聘挂钩。最后要加强聘用教师与校内教师的交流与合作，及时了解企业的发展动态，为专业调整、课程设置提供可靠的信息。

（三）坚持政策倾斜，建立长效机制

高职院校要以深化干部人事制度改革为契机，将广大教师特别是专业课教师的工作热情和业务发展方向转移到"双师型"教师队伍建设上来；要着力对要求提高实践操作水平和能力的教师，在课时安排、酬金待遇、进修时间、进修渠道等方面给予大力扶持；降低专业教师的教学工作强度，调整出时间，把他们送到对口生产单位进行短、中期锻炼，为其创造取得第二职称的条件；要尽量将实践、实习课的课时明确化、系统化，课时待遇至少等于甚至略高于理论课课时；要鼓励专业课教师搞好搞活生产性实训基地的管理，如有盈利，要对参加实践的师生予以适当奖励；要与校外兼职教师签订长期聘任协议，按月发放应得工资，使兼职教师把自己当成学校一员，与学校荣辱与共。

要建立健全"双师型"教师队伍建设的长效机制。随着经济全球化步伐的深化，产品的换代升级的速度也越来越快，各国对高技能技术人才的需求量也越来越大，高等职业教育迎来了千载难逢的大好时机。因此，"双师型"教师队伍的建设速度非但不会减慢，相反，必定会继续加快。高职院校要把"双师型"教师队伍建设纳入学校教育发展的总体规划中；要创造机会建立切实有力的激励措施，在岗位津贴发放、住房等方面给予特殊照顾；健全"双师型"教师队伍的管理体制，包括任职资格、管理条例、考核办法、职称评定体系等，将壮大"双师型"教师队伍的做法系统化、条文化、制度化。同时，要保证资金投入，设立"双师型"教师专项基金；要进一步完善实习、实训条件，为"双师型"教师的健康成长奠定坚实的物质基础；要引导舆论宣传，倡行"知行合一""学以致用"，大力表彰优秀的"双师型"教师，营造强化"双师型"教师队伍建设的浓厚氛围。

五、国外高职院校"双师型"教师队伍建设对我国的启示

通过国外关于"双师型"教师资格认定的分析我们发现，他们对于"双师型"教师的资格把关特别严格，要想成为职业教育教师，就必须通过一系列考核，其关键就是要在相关的工作岗位上有实际工作经验。这与我国高职院校教师主要来自普通大学毕业生，只需要考取相关证书是有很大区别，因此对高职院校教师的招聘需要从严要求，从源头上保证高职师资的整体素质。

　　我国职业教育师资培训体系的主体仍然是高等学校，企业很少参与，这种缺少企业参与的培训模式基本上沿用普通教师的培训模式，表现出严重的学科化倾向，这极大地背离了对职教教师应强化应用的本质要求，不利于"双师型"教师的成长。因此，高职院校必须通过不断完善教师培训制度，拓展培训网络（如校内培训、校企合作培训、高校深造、师资培养、基地培训等），加强教师的岗前岗后培训，鼓励教师下厂顶岗实习。既努力提高教师的理论素养，使他们具备扎实的基础理论知识和较高的教学水平，又努力提高教师的专业实践能力和实际工作经验，使他们具备实践动手能力和技术应用能力，从而不断提升其教育水平和执教能力。

　　高职教育具有高等教育和职业教育的双重属性，这就要求高职院校在教师队伍构成上既要有具备高等教育理论教学经验的教师，又要有具备丰富实际工作经验的教师。借鉴国外经验，建立一支专兼结合的教师队伍是我国高等职业教育发展的必然选择。目前，我国高职院校的教师绝大多数来自高校毕业生，而要想从企业引进具有实践教学能力的人才存在一定的难度，所以我国高职院校具有实践能力的教师比例还比较低。但高职院校可以通过聘用有企业工作经验的兼职教师来解决这一问题。聘用兼职教师既可以节约教育成本，提高办学效益，又可以提高教育水平，保证人才培养质量。

　　兼职教师一方面可以给学校带来生产、科研第一线的新技术、新工艺等信息。另一方面，兼职教师和学校专业教师共同进行教学活动，可以促进学校专业教师向"双师型"教师转化。另外，聘用兼职教师还可以根据社会情况及市场要求及时调整招生规模及专业设置，以保证职业教育的及时性和有效性，发挥职业教育的社会效益。

　　建立健全"双师型"教师的评价和激励机制是"双师型"师资队伍建设的重要保障。借鉴国外高职教育的模式，主要有以下三项保障措施：首先，高职院校要把"双师型"师资队伍建设纳入学校教育发展总体规划，建立继续教育的培训制度，根据教师的年龄、学历、经验制订出具体的培训计划，不同情况区别对待。其次，通过学校与产业部门联合办学渠道，采取一定的措施，鼓励教师走出校园到生产第一线参加实践，以提高他们的专业实践技能和技巧。最后，充分运用补贴、晋升职称、合理调配等手段，努力为"双师型"教师营造良好的工作、学习、生活和发展的氛围。学校还可以采取高职低聘等措施，逐步实现"双师型"师资队伍建设的规范化、制度化，促进"双师型"教师队伍建设。

参考文献

[1] 李常 . 团队管理视角下高校班主任管理研究 [M]. 长春：吉林出版集团股份有限公司，2019.

[2] 胡小萍，叶存洪，夏小红 . 班主任工作与班级管理 [M]. 南昌：江西高校出版社，2018.

[3] 唐小兵 . 高校干部教育培训项目管理研究 [M]. 武汉：武汉大学出版社，2018.

[4] 王锋，董博 . 高校班主任工作手册：做大学生的良师益友 [M]. 南京：东南大学出版社，2011.

[5] 丁志卫 . 若水河畔：给大学班主任的 101 条建议 [M]. 苏州：苏州大学出版社，2017.

[6] 梁天宇 . 高校班主任（辅导员）队伍建设与班主任（辅导员）职业标准 [M]. 长春：吉林音像出版社，2005.

[7] 杨志彪 . 时雨集：一位大学班主任与学生的书信往来 [M]. 上海：上海交通大学出版社，2018.

[8] 吴起华 . 高校德育管理研究 [M]. 海口：南海出版公司，2005.

[9] 邱玉敏 . 高校岗位安全职责与应急处理 [M]. 西安：西北工业大学出版社，2017.

[10] 汪昕宇 . 人力资源管理理论创新与实践 [M]. 北京：中央民族大学

出版社，2018.

　　[11] 罗大玉 . 高校思想政治教育研究 [M]. 成都：电子科技大学出版社，2013.

　　[12] 丰云 . 学校班主任工作手册 上 [M]. 长春：吉林音像出版社，2003.

　　[13] 夏跃平 . 来自高教管理实践的思考 [M]. 北京：海洋出版社，2016.

　　[14] 黄瑞宇 . 新时代高校学生工作的创新研究与实践探索 [M]. 北京：中国政法大学出版社，2020.